ENGLISH EDUCATION
AND MEDIA LITERACY
AT JAPANESE UNIVERSITIES

大学における
英語教育とメディアリテラシー

メディアテクストによる
市民的教養の可能性

ホーマン由佳
YUKA HOMAN

FOSTERING LIBERAL ARTS FOR
CIVIC INSIGHT THROUGH MEDIA

東京・田園調布の小さな出版社
有限会社ソーシャルキャピタル

はじめに

　大学英語教育のあり方が注目されている。これまで卒業生を社会に送り出すたびに、「私は一体彼らに何を教えてきたのか」と自省してきたが、本書を書き上げた今、この問いに「メディアを主体的に読み解く力」と明快に回答する。過去20〜30年の英語教育の経緯を振り返りながら、メディア研究、文学、応用言語学など学際的なベクトルで大学の英語教育の方向性を検討して出した回答だ。英語のメディア性を理解し、「これは本当なのか」と多面的に見て主体的に考えて発言する能力を養成する土壌はこれまでの日本の英語教育にはなかった。しかし情報化とグローバル化が進む現代社会を生き抜くためにこの能力は不可欠だ。最近のフェイク（虚偽）ニュースの拡散問題を鑑みても益々重要視されるのは明らかだろう。

　本書執筆の原動力は、自身の英語学習歴と教育歴で培ったいわば教員の皮膚感覚に依るところが大きい。それは私自身が英語を外国語として学び、英語を使う仕事に従事し、大学や企業で英語を教え、メディア英語を研究する立場から日本の英語教育の変革のうねりの中で体験した経験値と言える。教養英語と実践英語の狭間で暗中模索してきた私のキャリアは1990年代以降の日本の英語教育の歴史とともにシフトし、はからずも進化してきた。

　本書は英語教員を読者と想定して書いたが、リーディング力向上を目指す英語学習者にも対応する内容のはずだ。英語のメディ

はじめに

ア性と教育を結びつける英語教育論の中で参考になる点があれば筆者として至上の喜びである。

　本書出版にあたり、有限会社ソーシャルキャピタル代表取締役の吉田秀次氏に深く感謝する。拙著『英字新聞1分間リーディング』シリーズでは編集者としてお世話になったが、本書では構想や執筆の各局面で助言を頂いた。校務で執筆時間を確保できない時や筆が進まない時、吉田氏の協力と忍耐力がなければ本書の刊行は実現しなかった。また、元時事英語学会会長で、成蹊大学・島根県立大学の浅野雅巳名誉教授に心から感謝申し上げたい。私のメディア英語教育研究の絶対的原点は、大学時代に履修した「時事英語」の講義にある。当時教鞭を執られていたのが浅野先生で、英字紙を使う斬新な授業で文学部の学生の知的好奇心を喚起して下さった。また、企業研修の英語講師を務めていた頃から現在に至るまで、企業の現場で必要とされる英語力について指南して下さった、人材開発コンサルタントの安達健一氏のご協力にもお礼を申し上げる。最後に、執筆中は昼夜逆転で生活のリズムを乱した私に最大限の協力をしてくれた家族に真心込めてこの本を贈りたい。

　　　　　　　　　　　　　　　　　　　　　　ホーマン由佳
　　　　　　　　　　　　　　　　　　　　　　2017年7月

目次

はじめに ───────────────────────── 2

第1章　大学の英語教育とメディアリテラシー

1-1 大学の英語教育の目的 ───────────────── 8
1-2 これからの日本の英語教育に必要な市民性 ─────── 11
1-3 情報化社会に必要な「これは本当なのか」という姿勢 ── 13
1-4 メディアリテラシー教育の背景 ─────────── 18
1-5 日本の英語教育とメディアリテラシーの接点 ────── 22

第2章　リーディング教材としての文学テクストとメディアテクスト

2-1 文学からメディアへ ─────────────── 28
　(1) リーディング教材 ────────────────── 29
　(2) リーディング教授法 ───────────────── 29
　(3) 担当教員の専門分野の多様性 ───────────── 30
2-2 クリティカルな読み方 ―「何を読む」から「どのように読む」へ ── 31
　(1) 文学と非文学 ──────────────────── 33
　(2) 生産と消費 ──────────────────── 33
　(3) 現実世界と学術世界 ───────────────── 34
2-3 文学テクストとメディアテクストのディスコース分析 ──── 40
　(1) 文体論と批判的ディスコース分析（CDA） ──────── 40
　(2) ナラティブ構造から見た小説とニュース記事 ─────── 45
2-4 学習教材のためのメディアテクスト ─────────── 52

第3章 メディアテキストを使った英語リーディングの授業

3-1 英語リーディングの情報処理モデル ———— 56
3-2 背景知識とスキーマの活性化 ———— 57
3-3 読解ストラテジー ———— 60
3-4 リーディング学習教材としての英字新聞 ———— 65
3-5 ニュース記事の特性 ———— 69
 (1) 見出しとリード ———— 70
 (2) 事実 (facts) と意見 (opinions) の考え方 ———— 72
 (3) 社説を読む ———— 74
参考資料 ———— 84

第4章 メディア英語教育における市民的教養

4-1 市民性向上のためのメディアリテラシーと異文化理解 ———— 86
4-2 企業が求めるグローバルに活躍できる人材 ———— 88
4-3 メディア英語教育における市民的教養 ———— 90

おわりに ———— 95
参考文献 ———— 98

＊第2章と第3章の一部は、既出の論文「新聞メディアの社会言語学的アプローチ」(『21世紀資本主義世界のフロンティア』(批評社、2017年) 第8章 pp.234-247) に加筆修正したものである。

第１章

大学の英語教育と
メディアリテラシー

なぜ英語を勉強するのか、という問いの回答は千差万別だろう。しかし、大学で英語を教える目的は何かということになると、英語を教えている教員でも即答できる人は少ないのではないか。中・高の義務教育の６年間の英語学習で英文法をひととおり学習した学生が、さらに大学で英語を学ぶ意義は何なのか。独学や市販の英会話レッスンからは得難いもの、大学という教育機関でこそ得られるものとは何か。

1-1 大学の英語教育の目的

　文部科学省は2020年には小学５、６年生から英語を正式教科にすることを発表した。初等教育における英語の正式教科化は同時に中・高等教育における英語教育のあり方を見直すことになり、「社会人の予備軍」をかかえる大学での英語教育の改変を促すことになるだろう。日本人の英語力のあり方が問われている今こそ、大学の英語教育の目的とは何かを改めて考える時期が来ている。この時期は、現代社会におけるインターネットの加速度的普及により、あらゆる分野でグローバル化が進んでいることや、英語を話す非母語話者が母語話者よりも多い多文化共生の世界で共通言語としての英語の役割が拡大してきていることと大きく関係している。

　振り返ると日本の大学の英語教育も時代とともに変化してきた。情報技術の進歩は授業形態にも影響を与えてきた（注１）。戦後以来の転換期は欧米で生まれた第二言語習得理論が日本の英語教育に適用され始めた1980年代後半から90年代と言えよう。1991年大学設置基準の大綱化により、一般教育から専門教育へシフトした大学教育改革の流れもある。例えば、学部を超えた「共通教育」として

情報処理や英会話の科目が設置され、「コンピテンス」つまり知識をどれだけ活用できるかという能力を重視する新しい教育の流れが浸透した（吉見、2011）。語学授業では、英語を教える教員は文学や言語学を専門とする日本人教員に加え、英語教授法の知識がある講師、とりわけ外国人講師が語学授業を担当するようになった。授業内容は文法と読解中心の授業から、コミュニケーションを重視する授業方法や授業形態が積極的に導入され、学習環境も変化してきた。また、グローバル化に対応するという名目で、多くの大学では英語科目が大学1年次の必修科目として盛り込まれ、英語のカリキュラム改正の目玉は、英検、TOEICやTOEFLなどの授業科目の投入だった。当時から大学の英語教育の目的は、国際化社会で通用する英語力を身につけることにあったが、その英語運用力は資格試験で測定される能力であるという考え方が色濃く、その傾向は現在も続いているように思える。

　もちろん、資格試験対策を英語力達成の目標に設定することは学ぶ過程で学習者のモチベーションを高めるが、資格取得が英語教育の目的ではありえない。大学の英語教育の基本的フレームワークは大学教育の一環としてとらえるべきである。この意味で、大学の学

＊注1：教育面での情報技術の進化は教育のIT（ICT）化とも呼ばれ、英語教育においては学習環境の変容と関連する。1960〜70年代には視聴覚教室（LL教室）が徐々に導入され、外国語学習に機械を効果的に利用する動きが始まった。当時の英語教授法の主流は、行動心理学を理論背景にAudio-lingualと呼ばれる徹底した反復練習と文法重視であった。80年代になると、Communicative Approachによるコミュニケーション重視の授業へと英語教授法のアプローチがシフトし、大学のカリキュラムに英会話の科目が増えた時期でもあった。90年代は多くの大学が一斉にコンピュータ支援によるCALL（Computer-assisted Language Laboratory）教室に巨額の設備投資を始めた時期といえよう。その後も教育のIT化は進み、21世紀になると自律学習を促進させたe-learningやCMCを利用した授業など、教育のデジタル化はSNSの活用も含めて今も進化し続けている。

士課程教育の中核をなしている「学士力」と英語教育の関係を改めて考える必要があろう。一般的に学士力とは、社会で必要とされる基礎能力であり、学生が卒業までに身につけておかなければならない能力と考えられている。社会に出るまでに必要な知的基盤とも言える。中央教育審議会（2008）によると「知識・理解」「汎用的技能（論理的思考力、コミュニケーションスキル、情報活用力など）」「態度・志向性」「統合的な学習経験と創造的思考力」の4分野が含まれる。一見して、学士力としての英語力は汎用的技能の「コミュニケーションスキル」との関わりが強い。しかし、これからの英語教育の目的を、単に英語運用能力の向上だけにとどめるのは不十分な時代を迎えている。

　小学校での英語必修化の本格始動は、これまで手薄だった英語による発表やグループ活動が初等教育からスタートすることになる。日本の初・中等教育が段階的にでも日本人の英語運用能力を高めることになれば、いま大学1、2年次に組まれているカリキュラムはほぼ高校の授業で吸収されるだろう。高校卒業までに英語力や語彙力、グループディスカッションやスピーチの訓練を受けてある程度の英語力を身につけていれば、現在の文部科学省が掲げる英語力の目標「学士力の汎用的技能」だけではなく、態度や志向性、総合的な学習経験と創造的思考力にまで踏み込んだ広範な学士力を身につけるための目標設定ができるはずだ。後述するような「これからの時代」を生き抜くための英語力をまず考える必要性がある。英語教育に携わる者は「これからの時代は英語が必要」という一般で通用している曖昧な目的から一歩踏み出す必要がある。大学で英語を通してどのような能力を養成するのかを明確に定義づければ、教育者も研究者も学習者もその共通の目的に基づいて行動し、結果的に世

界基準に追いつける英語力を獲得できるのではないか。デジタル化社会を下支えに情報のボーダレス化が進むだろう。英語力の格差のみならずコミュニケーション力の格差を埋めるためにも、日本の大学の英語教育が果たす意義は非常に大きい。

1-2 これからの日本の英語教育に必要な市民性

　しっかりとした言語習得理論の裏付けのある英語教育が初等教育からスタートすれば、将来的には大学で日常英会話の授業をとるカリキュラムは姿を消してゆくだろう。これからの大学の英語教育の再編を考えるとき、「大学教育」を意識した英語教育を構築すべきである。その意味で、最近よく耳にするのが「市民性」というキーワードである。

　「市民」ということばは大学生に馴染みがないように思えるが、大学と会社を結ぶ文脈で使われる「社会人」と同義語と言える。「社会人」は極めて日本的な表現であり、卒業して社会に出て会社勤めをするグループをひとくくりにする言葉だが、市民（citizen）とは「公民」であり、「広く、公共空間の形成に自律的・自発的に参加する人々」（広辞苑第六版）である。大学教育の中心的役割には良き市民の育成があると言っても過言ではない。英語を学ぶ目的は、英語の運用能力を高めるだけではなく、「市民性」を高めることを挙げたい。市民性とは「社会の公共的課題に対して立場や背景の異なる他者と連携しつつ取り組む姿勢と行動」（橘、2016）である。実は昨今、市民性の概念については教育界で関心が高まりつつある。例えば、楠見・道田（2016）は市民性（citizenship）教育の中核にある市民リテラシーを「市民として、生活に必要な情報を獲

得し発信するコミュニケーション能力」とし、批判的思考を21世紀型のスキルと位置づけている。また、市民性や市民リテラシーということば以外にも、最近「世界市民」Global Citizenshipということばの中身について英語教育関係者の間で議論されている。市民性が発揮される場をさらにグローバル社会に拡大した概念で、異文化を持つ人々と社会問題を共に考えて行動する姿勢のことを指す。世界市民像は英語以外の言語習得も視野にいれており、多文化共生のためのコミュニケーション力である異文化理解力や協調性の養成が特徴的な概念である。

　本書では、市民性向上のための英語教育の要素としてクリティカル（批判的）な視点からの英文読解に主眼を置くにとどめているが、さらに読み解いた考えを背景の違う他者に伝えて意見交換しなければ市民性を高めるための教育が完成することにはならない。そのためのリテラシーとして異文化理解や異文化適応力は欠かせない。

　クリティカル思考を異文化理解とのコンビネーションまで拡大した理論として、坂本（2013）が提唱する異文化間コミュニケーションを中心としたメディア情報リテラシー教育Media Information Literacy Education based on Cross-Cultural Communication（略称「異文化MIL教育」）がある。これは主に小学生を対象に子どもたちの探求学習の一環として初等教育の活性化に貢献している教育で、坂本はその教育の理論的枠組みの5つのキーコンセプトとして、Creation（創造）、Critical thinking（批判的思考）、Communication（コミュニケーション）、Collaboration（協働）、Global Citizenship（グローバルなシティズンシップ）を挙げている。異文化MIL教育の特徴は、批判的読解と創造的制作にとどまらず、実践的なコミュ

ニケーションや協働作業まで広げている点にある。

1-3 情報化社会に必要な「これは本当なのか」という姿勢

　私たちが取り込む新しい知識や経験は、ほぼメディアからの情報から成り立っていると言えるほど、メディアは現代の生活に深く浸透している。特に情報技術の発展によるデジタル化によって、マスコミュニケーションの概念も変化してきている。アナログの時代には一部の組織や個人が不特定多数（マス）に向けて情報を発信していたが、もはや誰もが情報を発信するようになり、その情報をもとにさらに情報交換が行われるというコミュニケーション形態が主流となっている。また、双方向の情報交換が同期で行われるということは、情報発信者は、同時に情報受信者にもなり、誰もが情報の価値を意識して判断しなければ情報に翻弄されることになり、何が真実なのかさえもわからなくなる。日本を襲ったさまざまな災害時には確かにソーシャルネットワークサービス（SNS）の便宜性が情報交換に大きな役割を果たした。しかし一方で情報が交錯し、何が事実なのか、被災地では何が必要とされているのかという判断を困難にする情報の混乱が発生した。こうしたメディア時代を生きる市民として、送られる情報に対して「これは本当なのか」と立ち止まって再考してから状況を判断し、そのうえで自分の意見を見極めるリテラシーが求められるようになってきた。「これは本当なのか」というのは猜疑心を持って物事を見るというよりも、柔軟な物の考え方や主体的に向き合う姿勢といったポジティブな姿勢である。今の時代を生きる市民に必要な市民リテラシーとして「批判的思考」を21世紀型スキルと位置づけている『批判的思考と市民リテラシー』

（楠見・道田、2016）では、裁判員の立場になった時や、選挙に投票する時や、放射能汚染などのリスクについて考える時や、インターネット情報を判断する時など具体的な事例を挙げて批判的思考のあり方が議論されているが、こうした「批判的」な物の見方は積極的に日本で育成されてこなかった観念であるため取り入れられてこなかったのが現実だ。「批判的」という言葉は日本語の文脈で人を非難するという否定的な意味合いが強いが、語源はギリシャ語kritikosで、judge「判断する」という意味のcriticalはフランス語のcritique（批評）に由来し、その本来の意味は「物事の善悪・美醜・是非などについて評価し論ずること」（広辞苑第六版）である（ここでは、criticalを「クリティカル」あるいは「クリティカルな」と記述する）。昨今、クリティカルシンキング（critical thinking）は、ビジネスで必要なスキルとして社会人教育スキルに取り上げられており、企業研修プログラムの必須項目の一つで、さまざまな角度から情報を分析、解釈、判断、評価するという元来の意味に由来する思考法だ。メディアは社会的、経済的、政治的、文化的問題を含む媒体であるため、活字や映像で語られている表層的な部分をクリティカルに分析、解釈、判断、評価することで、「これは本当なのか」という感覚が研ぎ澄まされていく。ジャーナリストの菅谷（2000）はメディアリテラシーとは「メディアが送り出す情報を単に受容するのではなく、意図を持って構成されたものとして、積極的に読み解く力」と定義している。メディアリテラシー教育とは、今起きている社会的課題をどのように読み解くべきか、その方法を教えることである。

　メディアリテラシーを教育に結びつける際、まず理解しなければならないのはメディアの本質である。メディアリテラシーを教育現

場に導入することを提唱した代表的なイギリスの研究者Masterman（1985）は、メディアリテラシー教育の理論的枠組み（theoretical framework）について、以下のように述べている。

The first principle of media education from which all else flows, and to which teachers and students will continually return is *that the media are symbolic (or sign) systems which need to be actively **read**, and not unproblematic, self-explanatory reflections of external reality.* Another way of stating this principle is to say that television, newspapers, films, radio, advertisements and magazines are *produced*. The media, that is, are actively involved in processes of *constructing* or *representing* "reality" rather than simply transmitting or reflecting it.（p.20）

（イタリック体と太字は原文どおり）

「メディアは象徴的（あるいは記号）であり、主体的に読み解かれるべきで、外部の現実を確実に明らかに映し出したものではない（注2）」という「メディア教育の第一原則」を指摘している。またテレビ、新聞などの私たちの身近なメディアはすべて「制作された」ものであること、あくまで「現実」が再構成されたものであるということを教師も学生も認識することの重要性を訴えている。メディアリテラシーを備えている人とは、メディアが送り出す情報を誰がどのような目的で作っているのか、メディアにどのような価値が隠されているのかを読み取ることができる人のことである。

菅谷（2000）も「（メディアとは）無限に存在する情報素材の中

＊注2：メディアとはさまざまな意味を読み手が作り出していく記号の秩序であるとする点で、メディアリテラシーは記号論の影響を強く受けていることがわかる。

から、特定の基準に基づいて選択され、編集され、加工された現実を読んだり見たり聞いたりするに過ぎない」とし、そこからジェンダー、人種、年齢、階級、ステレオタイプのイメージなど隠れた差別や偏見をどのように読み取ることができるのかを教育するのがメディアリテラシー教育だと言及している。菅谷の代表的著書『メディアリテラシー ―世界の現場から―』（岩波新書）の発刊から17年を経た現在、ようやく日本でもメディアリテラシーという言葉を普段の生活で見聞きするようになったとはいえ、社会全体ではメディアリテラシーを育成する活発な動きは見られない。SNS中心の情報化社会を生きるために必要なリテラシーであるにもかかわらず、教育現場での対応が追いついていない感がある。大学では学生も教員もメディアリテラシーをパソコン操作などの情報リテラシーのことと認識している人が多いというのが現状だ。

 Mastermanの大著 *Teaching the Media*（1985）に書かれているメディアリテラシー教育（イギリスではメディア教育）のあり方には、今後の日本におけるメディアリテラシー教育を考える上で多くの参考になる点が散りばめられている。

 Mastermanがメディアリテラシー教育の必要性を「喫緊の課題」と挙げたイギリスの事情は、この著書が出版された1980年代よりさらに遡った1930年代、英文学者たちがメディアの大衆文化を批判したイギリス特有の文化的背景を考慮しなければならない。しかし、メディア教育の基本方針として共通しているのは、メディアから得る情報を通して現実を経験し思考する高度な情報化社会を市民が生き抜くためには、どのようにメディアに向き合うべきかを教育（者）が若者に教えなければならないという点だ。人と社会を結ぶメディアを読み解く方法やスキルの習得は現代社会において万国共

通の喫緊の課題である。

　例えば、日本ではテレビ番組や新聞記事でメディア操作を身近に感じる事件は枚挙にいとまがない。あるテレビ番組で納豆がダイエットに効くという調査で使われたデータは捏造であったが、番組が報道された後に全国で納豆が売り切れた騒動があった。その裏にあるテレビ局の視聴率獲得合戦というメディア産業の構造上の問題が浮き彫りになった。また『「エピソード足りぬ」危うい動機──中日新聞「貧困」巡る記事捏造』（朝日新聞　2016年11月15日）の記事では、子どもの貧困を取り上げた連載で記事を捏造したという事件の背景に「読者や取材先よりも作り手の都合や論理を優先する姿勢が浮かび上がった」と記者がプレッシャーを感じていたという組織の問題が明るみになった。このように、メディアリテラシー教育の意義は、誰が情報を語っているのかクリティカルにとらえる意識や姿勢を身につけることで、情報内容にだまされなくなるだけではなく、出来事の裏側に潜む社会や組織の権力関係を読み取る力を高めることもできる。

　鈴木（2004）は、最近メディアリテラシーの定義をさらに拡張し、メディアリテラシー教育を単に「読み取る力」で完結させるのではなく、「市民がメディアを社会的文脈でクリティカルに分析し、評価し、メディアにアクセスし、多様な形態でコミュニケーションを作り出す力」と再定義している。この概念は、「情報操作という手段によってオーディエンス（情報の受け手）をコントロールする力を発揮することもある一方で、民主的可能性を開放する（open our more democratic possibilities）役目も果たす」というMastermanの教育指針と合致する。「民主的可能性」に示唆されているのは、まさに市民が公共的課題に対して対話を通して形成していくもので

あり、メディアリテラシー教育を市民性の教育に（無意識的に）位置づけていると言ってよい。本書執筆の動機になった市民性向上のための英語教育の原点がここにある。メディアリテラシーを高めるために、「あらゆるレベルで多様な科目を担当する教育者が生徒の市民性育成に努力すべき」（for all who are involved in education – adult educators, teacher-trainers, teachers of all subjects at all levels）というMastermanの提案について筆者は英語教育を通して実践する可能性を本書で示したい。

1-4 メディアリテラシー教育の背景

1980年代から欧米で活発化したメディアリテラシー教育だが、その発祥の地はイギリスであり、時代は1930年代に遡る。当時イギリスでは、印刷技術の発展を背景に大衆文化が盛んになっていた。それを、メディアはイギリス伝統的文化に害を及ぼすものとしてとらえ、子どもを「悪」から保護しようとする動きが現れた。きっかけは1932年に創刊された雑誌Scrutinyを拠点に文化批評を展開したスクルーティニー派と呼ばれる英文学者たちで、メディアを「低俗な文化」とみなし、中でもケンブリッジ大学教授で実践批評を唱えたF.R. Leavisらはイギリス人の古典文学離れを危惧し、大衆メディアを批判的に見る姿勢（critical awareness）を強調する国語教育を推進した。このように、イギリスのメディアリテラシー教育の誕生の背景には「偉大な伝統」としての英文学を中心に位置づけようとした一部のインテリ層の支えがある。その後は映像メディアの影響力が強まり、メディア教育の中心が映画、そしてテレビへと移行していき、60年代に入ってテレビが大衆メディアとして定

着すると、それまでの、古典イギリス文学が「善」で大衆雑誌や広告は「悪」という対立構図は崩壊し、60年代後半から70年代に入るとイギリスでは、メディア研究における歴史的転換期の一つと言われるカルチュラルスタディーズ（Cultural Studies）が台頭した。カルチュラルスタディーズは、その代表的推進者であるStuart Hallが拠点としていたバーミンガム大学現代文化研究センター（The Birmingham Centre for Contemporary Cultural Studies）の名前に由来している。吉見（2004）は『メディア文化論』の中でその思潮を以下のように簡潔に説明している。

　とりわけ、この（カルチュラルスタディーズの）アプローチは、日常生活のなかでメディアと接し、番組や記事を消費しているオーディエンス＝読者に焦点を合わせ、文化としてのメディアの重層的な構成を明らかにしていきます。送り手と受け手が同じ解釈コードを共有するのが正常と考えるコミュニケーション理論の前提を批判して、むしろ受け手の多様なテクスト解釈やメディア消費のパターンのなかに文化をめぐる抗争と折衝の契機を見出していったのです。(p.86)

　現在のマスコミ論にも多大な影響を与えたと言われるカルチュラルスタディーズは、イデオロギーや社会階級や人種などの社会問題に焦点をあてる社会学研究の思潮であるが、その根源は英文学研究にある。
　1930年代にスクルーティニー派が「低俗な」大衆文化から「偉大な」伝統的文化を守るために誕生したのがメディアリテラシー教育だった。この動きを牽引したのは大学で英文学を教えるエリート

主義の文学研究者たちで、そのメッセージは国語教員に向けられた。その後、映像メディアが人々の日常生活に入ってきた60年代から70年代には「高級文化」と「大衆文化」の二分化を疑問視するようになり、文化が特権階級に限られたものではなく大衆のものでもあること、その表現様式も多様であるという考え方が主流になった。この象徴的な思潮がカルチュラルスタディーズであり、メディアの受け手は送り手からの情報に一方的に影響されるのではなく、「自らの経験や価値観、社会的文脈などに照らしてメディアを多様に解釈していく存在だ」(菅谷2000、p.29) と考えられるようになった。その後、Mastermanがメディアリテラシーの必要性を強く唱えると、メディア教育への意識はイギリスを超えて世界に波及した。実際、カルチュラルスタディーズの先駆的推進者であるRaymond Williamsの当初の最大の関心は「文学」であったが「メディア」研究に軸足を移行したほど、この2つのジャンルは同じ歴史的背景を内包しているのだ。

　イギリスから発祥したメディアリテラシー教育は、テレビが普及した1970年代の「差し込み時代」(plugged-in generation) にアメリカでも開花し、映画やテレビのマスメディアの普及により、暴力シーンや性的描写などテレビの悪影響から子どもを守るためにメディア教育が盛んになった。メディア教育がイギリスで制度化されたのは1988年であるが、その前年の1987年に世界で初めて「国語」のカリキュラムにメディアリテラシーを導入したのはカナダのオンタリオ州であったことは興味深い。メディアリテラシーの発祥地であるイギリスで、メディアリテラシーが教育機関でカリキュラム化されるのにこれだけの時間を費やさなければならなかった背景にさまざまな政治的な力が働いた可能性を指摘する菅谷 (2000) は、

イギリスでは保守政権下で一時的にカリキュラムから外された経緯があり、カナダオンタリオ州でも教育省からメディアリテラシーをカリキュラムから取り除くよう要請されたこともあったと取材を通して明らかにしている。カナダのメディアリテラシーの発展が教師による草の根活動によって発展して来た経緯があることを考慮すれば、この政治性の存在も納得がゆく。また、カナダでメディアリテラシー教育が盛んな背景には、隣国アメリカからのさまざまなメディア映像がカナダに流入するため、カナダ人のアイデンティティが脅かされるのではないかという危惧からメディアリテラシーが発展したという独自の事情がある。日本でメディアリテラシー教育がまだ根づいていないのは、「批判的」という姿勢そのものが人を非難するというニュアンスでとらえられがちであり、調和を好む日本の国民性には合わないという文化的理由もあるかもしれない。ただ、メディアリテラシーそのものは、メディアに囲まれている現代社会において国境を越えた読み書き能力である。教育機関のカリキュラムに導入する際に必要なメディアの本質を学生に教えるための基本項目は、日本での導入にも有効活用できると思われる。以下はカナダオンタリオ州の教育機関で提唱された「メディアリテラシー教育8か条」(1992)の基本方針である。

1．メディアはすべて構成されている。
2．メディアは「現実」を構成する。
3．オーディエンスがメディアを解釈し、意味を作り出す。
4．メディアは商業的意味を持つ。
5．メディアはものの考え方（イデオロギー）や価値観を伝えている。

6．メディアは社会的・政治的意味を持つ。
   7．メディアは独自の様式、芸術性、技法、決まり・約束事を持つ。
   8．クリティカルにメディアを読むことは創造性を高め、多様な形態でコミュニケーションを作り出すことへつながる。

　注目すべきは「8．クリティカルにメディアを読むことは創造性を高め、多様な形態でコミュニケーションを作り出すことへつながる」という理念である。ここに英語教育方法との接点を見出すことができる。まずメディアをクリティカルに読み、読んだ内容について他者とのコミュニケーションを通してさらに高いレベルの市民リテラシーを獲得する、さらには学習の目標言語である英語を介してコミュニケーション力を養う一連の英語学習のプロセスは、英語の受信力と発信力を鍛えるための理想的な学習環境とも言える。このようにメディアリテラシーを伸ばすための学習プロセスと英語リーディングを強化するための学習プロセスは市民性を向上させる目標に向かって補完関係にあると言える。

1-5 日本の英語教育とメディアリテラシーの接点

　日本の英語教育とメディアリテラシーとの関係を、その実体と可能性、クリティカルな読み方の意味に分けて考察する。
　英語教育を考える場合に英語を学ぶ学習環境について考える必要がある。学習環境によって異なる英語教育には大きく分けて２つのタイプがある。EFL（English as a Foreign Language）型英語教育、他方を ESL（English as a Second Language）型英語教育と言う。

第1章　大学の英語教育とメディアリテラシー

EFLとESLの違いについてCummins（1979）が提唱した2つの概念によると、ESL型の英語教育ではBICS（Basic Interpersonal Communicative Skills）の習得を目指す音声言語を中心に話しことばを重点的に教えるタイプで、EFL型英語教育はCALP（Cognitive Academic Language Proficiency）と呼ばれる文字言語を中心に書きことばを重視するタイプである。日本は後者のタイプにあたり、英語を母語としない教員が「訳読」をする授業が未だに伝統的に定番であり、英文を一字一句正確に訳すことが重視される。筆者は「訳毒」と揶揄される翻訳の効果を決して否定はしないが、認識すべきは読み方の違いとバランスである。訳読式の読み方はintensive reading（精読）でありextensive reading（多読）との良好なバランスによって読解力を高めることになる（ホーマン、2011）。大学のリーディングの授業の時間を翻訳だけに充てるのは非効率的であり、市民性向上を目標とする教育効果を期待できないことは否めない。

　また、英文をクリティカルに読む訓練は、英語リーディング面だけではなく、スピーキング面にも影響がある。多面的な読み方は多面的に考えることを可能にし、話す話題づくりも豊かになるからだ。英語でディスカッションをする際、語彙力や文法力、スピーキング面である程度の能力をそなえている学生でも「何を話せばよいのかわからない」という声をよく耳にする。日本人の英語コミュニケーション力の欠如は、単に英会話の科目を増やしてアウトプットの機会を増やすだけでは解決しない。メディアをクリティカルに読む訓練は、自分の意見を整理して発信することにもつながるのだ。

　では、日本のメディアリテラシー教育を英語教育に組み込むためにはどうすればよいのか。イギリスから始まったメディアリテラシ

ー教育の発展は国語教育の見直しが出発点であったが、外国語教育の枠組みでメディアリテラシー養成は可能なのか。英語教育とメディアリテラシーとの接点は何か。日本の英語教育の土壌で、英語読解力の向上とメディアリテラシーの修得を結びつけることは可能なのだろうか。

Mastermanが「メディアリテラシー教育が喫緊の課題」と唱えるために教員向けに *Teaching the Media* を書いてから30年以上、ジャーナリストの菅谷が5年間の取材を通して『メディア・リテラシー―世界の現場から―』を世に出してから17年が経ち日本のメディア環境は一変している。日本でメディアリテラシー教育が盛んになる潜在性はあるのか。その可能性の根底には、欧米の各国事情に見たような独自の文化を守る大義名分はなく、日本語や日本文化などアイデンティティを擁護するためにメディアリテラシーが発展するとは考えにくい。しかし、欧米と違ってクリティカル思考は、日本では比較的新しい観念であるため、クリティカルな思考を育てるためにメディア情報を活用するという方が妥当なアプローチと言えよう。現状は、初等・中等教育の国語や道徳の時間で日本語の新聞を使った授業を進めている学校は少なくない。メディアに対する主体的な意識を高めるために中学校や高校で新聞を使った授業を特集する新聞もある。新聞社によるマスに対する新聞への関心を喚起するこうした動きは、1930年代アメリカで盛んだったNewspapers in Education（NIE：教育に新聞を）の日本版とも言える。21世紀に入って深刻化する若者の新聞などの活字離れの払しょくを狙った動きでもあるが、少し偏った見かたをすれば、NIEは新聞の購読者数を増やす商業目的、紙媒体の縮小による新聞社の広報活動の一部でもある。とはいえ、一紙ではなく複数の新聞を読み比べてメディア

への意識を高めようとする日本の初等教育の活動は緩やかな速度で進んでおり、メディアリテラシーをカリキュラムに本格導入する土壌が整っていないのが現状だ。

　ただ、日本の英語教育とメディアの関係を見ると、その結びつきは強い。「メディア」は「文学」の新しい英語教育のツールとして日本の英語教育に入り込んできた。「メディア」という冠がつく「メディア英語」などの科目は、先の1991年大学設置基準の大綱化を境に、1990年代初頭から大学の英語カリキュラムに登場し始めた。メディア機器を使う授業、あるいはメディアテクストを使う授業という意味合いで立ち上げられた科目である。特にリーディングの授業で使われる文学テクストが非文学テクストへと移行する中、実用性のあるメディアテクストを学習教材に活用する動きが同時に活発化した。またメディアを利用した授業は、情報技術の進化に伴う授業形態の変容など教育のIT化（前掲注1）とも深く関連している。

　しかし、メディアを取り入れた英語教育が始まって四半世紀を経た現在も、メディアリテラシーを看板に語学授業を実施している大学は、その科目名やシラバスを覗いただけでもごく少数で、メディアリテラシー重視の英語教育法が浸透しているという実感はない。ここ十数年の日本で出版されている市販のリーディング教材の傾向を見てもわかる。メディアリテラシーということばを全面に出している教科書はもちろん、クリティカルな読み方（クリティカルリーディング）を誘導する内容や構成になっている教科書はごくわずかで、従来型の内容理解を重視する練習問題型の傾向が強い。メディアのテクストをクリティカルに読む作業がメディアリテラシーを育成することにつながるわけで、教員による指導はもちろん、学生自

身がメディアテクストの読み方を変えなければメディアリテラシーの育成は望めない。具体的な指導や学習方法については第2章で詳細を述べるが、日本の大学のリーディング授業でクリティカルな読み方を推奨するためには、リーディングの授業で「何を読むのか」だけではなく、「どのように読むのか」という技術的な方法（技法やストラテジー）を明示的に指導することが重要である。現在のリーディングの授業に欠けているもの、これからの日本の英語教育を考える上でキーワードになるのが「クリティカルな読み方」なのである。

さらに、Masterman(1989)は *Media Awareness Education: Eighteen Basic Principles* の中で、メディアリテラシーは単にクリティカルな知力（intelligence）を養うだけではなく、クリティカルな自律性（autonomy）を養うという。学習者が獲得するのは、学習内容そのものだけではなく、分析ツール（analytical tools）なのだ。クリティカルリーディングのツールの獲得は、リーディング以外の技能（スピーキングやライティング）との相乗効果もある。メディアテクストを通してクリティカルに読む訓練は、受信型の英語教育法から発信型へスムーズに移行することを可能にするだろう。

第2章

リーディング教材としての
文学テクストとメディアテクスト

前章では、これからの英語教育を考える上で、書かれている内容を訳読式で理解することを目的とする従来のリーディングの授業から脱却し、クリティカルな読み方を促す授業を教員が心がけるべきだと述べた。本章では、そのためのリーディング教材の適合性に目を向け、20世紀初期の日本の英語教育の環境変化と共に対立項としてとらえられてきた「文学」と「メディア」には明確な歴史的接点があることを示し、メディアテクストをクリティカルに読むことの教育的意義を明らかにする。

2-1 文学からメディアへ

　1991年の大学設置基準の大綱化によって教養教育が崩壊した。一般教育と専門教育の区分がなくなり、日本の英語教育はこの年大きな転換期を迎えたと言える。こうして90年代には英語教育の環境が大きく変化した。実用的な英語指導への移行を背景に、文学部の専門科目以外の授業で文学作品は姿を消し、メディアテクストなど文学作品以外の良い教材がリーディングの授業で使用されるようになった。また多くの大学で「共通教育」が浸透し、「コンピテンス」（知識の活用能力）を重視する中、初年次の英語科目が全学共通科目に配置され、英会話の科目も増えた。外国語センターを新設して、英語ネイティブの専任教員が日本人教員との協力体制でプログラムを編成する大学が増えた。リーディングの授業に関して言えば、英語教育方針が劇的に変化したことに伴って、教育環境も大きく変わった。特に変化した3つの側面として（1）リーディング教材、（2）リーディング教授法、（3）担当教員の専門分野の多様性が挙げられる。

（1）リーディング教材

　大学では長年、英語講読の授業では英米の古典文学作品が使われてきた。1980年代までの教養課程の講読科目では、文学部だけではなく社会学や自然科学系の学部の学生が英語圏の文学作品を読んでいたが、90年代には従来の文学テクストを使う科目は姿を消し、リーディングの授業では文学以外のジャンルが使われるようになった。身近なトピックを扱った市販のリーディングの教科書は、オリジナルの英文記事や記事をリライトした英文テクストが文学テクストに代わる文学以外のオーセンティック（authentic）な読み教材として語学授業で使われはじめた。外国語学習で学習教材の選定は重要である。学習者の興味や関心がある内容で、レベルの合ったものを、難易度の低いものから高いものへと適切な順序で学べる環境を整えて、学習動機を刺激するのが語学教員の役割である。タイムリーな時事的内容に関して情報源として信ぴょう性が高いと言われる英字新聞記事を授業で利用している教員は多い。一方、1990年代の英語教育界に起きた激震は、教材に文学以外のテクストが好んで選定される中、多くの文学研究者らが英語教育の枠組みの中で文学作品を扱う道を模索しその意義を論じてきている。なかでも、コミュニケーション能力を育成するための文学教材を用いた英語の授業を紹介した久世（2012）の論文では、文学作品を読む作業にとどまらずコミュニケーション能力を育成するために活用した授業例が紹介されており興味深い。

（2）リーディング教授法

　リーディングの教授法も変化した。欧米の英語教授法（TESOL: Teaching English to Speakers of Other Languages）が日本でも徐々

に認知されるようになり、目標言語の英語の文章をどこまで理解すればよいのかという読解の程度はレベル別のクラスの英語読解力に合わせて設定され、True/Falseの問題がリーディングの教科書に盛り込まれ、効率的な読み方を推進する指導法が教室に持ち込まれた。こうした教授法の変化の背景にはTESOLの知識を持つ教員も教鞭をとるようになった影響が考えられる。それまでの文法中心の授業と一文一文を和訳する「訳読」を基盤としたGrammar-Translation Methodは、Communicative Language Teaching（CLT）の対極にある古いアプローチとして敬遠され始めた。TESOLが授業に浸透するに伴い、教室では英語によるアウトプットとインプットの量が増えるようになった。授業では発信スキル（productive skill）としてのスピーキングとライティング指導をネイティブ講師が担当し、受信スキル（receptive skill）であるリーディングとリスニング指導を日本人講師が担当する役割分担が一般的だが、コミュニケーション重視の科目の場合にはスピーキングとリスニングの組み合わせをネイティブ講師が担当するカリキュラムを採用していた大学もあった。

（3）担当教員の専門分野の多様性

こうした英語教育の環境では英語教育の環境では教科書や授業方法に加えて、多彩な教育的背景を持った教員が教壇に立つようになった。多様な国籍だけではなく、教員の専門分野はこれまで多数を占めていた英米文学だけではなく、英語教育やコミュニケーション論をはじめとする文学以外の英語関連分野の教員が科目を担当するようになった。教員が多様化すると「共通科目」を運営する際に難しい点もある。公平で効率的な授業を実現するために共通シラバス

に従って担当教員が共通の教科書を使用する場合、学生の習熟度に合わせた細やかな対応が後手に回り、画一的な指導法が逆に学生の創造力向上を妨げることにもなりうる。柔軟性のない指導アプローチは学生のモチベーションを欠く結果になり、活気のない学習環境を作ってしまう危険性もある。こうした混乱を防ぐために、クラスに合った副教材の使用や各教員の「指導スタイル」に一定の猶予を与えるというのが暗黙の了解になっている。学習の目的や授業目標が統一されれば、スタイルの違う教員の指導アプローチは多様であってよい。1990年以降から顕著になった教員の指導スタイルの多様化は、ある意味で新しい英語教育に追い風となったともいえる。前述どおり、一般教養課程の授業で文学作品が排除される危機感を持った研究者・教育者たちによる文学教材を取り入れた授業方法への取り組みが強化され、学会でも文学を取り入れた語学の授業方法を共有する活発な研究活動も見受けられた。大学英語教育における英文学の意義について河原（2012）は「英語教育の場では悪の権化のような存在とされている訳読」を応用して、英文学の専門教員が「複数の読み方を提示しながら文の構造をも説明するという指導法」（p.102）を取り入れる指導スタイルを紹介した。教員の専門分野の多様性が英語教育を多様にするという点でも、リーディングの教授法は教員のアイデア次第では効率的かつ効果的な授業展開を可能にするはずだ。

2-2 クリティカルな読み方
―「何を読む」から「どのように読む」へ―

　日本の大学の講読の授業で文学テクストが使われていた頃は、毎回の授業で輪読する形式をとり、英文を一字一句和訳する作業で費

やされた。90年代に入って、テクストのジャンルがメディアテクストに代わっても、日本人教員が担当する典型的な授業スタイルは1-5でも述べたように、訳読式を取り入れた「何を読むか」が英語教育の中心にあった。河原（2012）は、訳読が批判されるのは、欧米のドリル式で短文を翻訳するGrammar-Translation Methodとの混同に起因している（p.102）としている。Grammar-Translationは効率的な統語理解が目的であるが、訳読はより長い文章をじっくりしっかり味わってテクスト全体を完全に理解することを目的とする、次元の違う読み方である。実際、英語を母語としない学習者が含蓄のある文学作品を「味読」するためには翻訳が有効であるし、本当に英文の構造を真に理解しているのかを推し量るのに和訳が有効な手段であることは、経験値のある日本人教員であれば賛同するだろう。しかし、本稿で目指すクリティカルな視点からテクストを読み解く力を育成するためには、一昔前の1時限90分を訳読に費やす精読中心の授業では目的を達成できない。

　1990年代に日本の大学英語教育において文学作品が排除されていく過程で、英語教育における文学の役割や意義について見直そうとする動きが文学界で顕著に見られるようになった。その方向性はこれまでの「何を読むか」から「どのように読むか」に重心を置く指導法に変化していったのである。文学研究を専門とする教員にとって、文学テクストといかに向き合うかといった、いわゆる文学批評論の視点には馴染みがある。英語教育学を専門とする教員より身近な教授法なのだ。文学テクストを読む時に、作者の意図を読み取ったり、出版された時代の社会的背景を調べたり、同じ時代の他の作品と比較するといったやり方を通して複数の読み方を探るプロセスは言わば、文学の知識をバックボーンに持つ教員にとって自然な思

考なのだ。

　こうした90年代に起きた大学の授業での文学作品離れは日本だけの傾向ではない。1980年代に欧米で英米文学作品を再評価する動きが見られた。アメリカのブラウン大学教授のRobert Scholesは、文学部の学生に文学理論をどのように教えるべきかというテーマで書いた著書 The Power of Textuality（1985）の中で、大学の文学部（英文科）に内在する問題として次の3つの対立関係を明示している。（1）Literature/Non-literature　文学と非文学、（2）Production/Consumption　生産と消費、（3）Real World/Academy　現実世界と学術世界。この立場は当時ポスト構造主義の思潮であり、二項対立（binary opposition）の考え方から脱却しようとする思想的イデオロギーが根底にあるわけだが、Scholesの主張の概要を示そう。

（1）文学と非文学

　文学は含蓄がある（secret-hidden deeper meanings）制作物であり、ジャーナリストや歴史家や哲学者が書く明快で単刀直入（とみなされる）な制作物（supposedly obvious and straightforward productions）であるという構図は正しくない。すべてのテクストには含蓄があり、文学性（literariness）と作品の価値は切り離されるべきである。

（2）生産と消費

　書くことが生産（production）で読むことが消費（consumption）であるという構図を批判する。読む行為は消費であるだけではなく、意味を構築するという意味では生産の行為でもある。

(3) 現実世界と学術世界

　従来は大学を社会人として「スタートする」準備の場（as a preparation for something that "commences"）と位置づけてきた。社会は現実の（real）場で、大学は学問の（academic）場であると切り離すのではなく、相互に浸透し合う（interpenetrate）場としてとらえる。

　以下、ScholesのThe Power of Textualityからの引用は、1985年当時のアメリカの文学部のあり方を提示しているのだが、メディアが社会を席巻し始めた時代背景において、文学部の社会的存在理由を考慮しながら学生のための大学教育を打ち出している視点は、今後の日本の英語教育の考え方にも参考になる。

What students need from us – and this is true of students in our great universities, our small colleges, and our urban and community colleges—what they need from us now is the kind of knowledge and skill that will enable them to make sense of their worlds, to determine their own interests, both individual and collective, to see through the manipulation of all sorts of texts in all sorts of media, and to express their own views in some appropriate manner. That they need both knowledge and skill is perhaps a matter worth pausing to consider. We have sometimes behaved as if certain skills, such as composition and even the close reading of poems, could be developed apart from knowledge, especially apart from historical knowledge.

　…. In an age of manipulation, when our students are in dire need of critical strength to resist the continuing assaults of all the media, the worst thing we can do is to foster in them an attitude of reverence before texts. The reverential attitude, a legacy of romantic aestheticism, is the one most natural in literary interpretation as we have practiced it. It is the attitude of the exegete before the sacred text; whereas, <u>what is needed is a judicious attitude; scrupulous to understand, alert to probe for blind spots and hidden agendas, and finally, critical, questioning, skeptical.</u>（p.15　下線部は筆者による）

　アメリカの英文科の状況と外国語として英語を学ぶ日本の教育環境を同一視して比較することは一概にできないが、大学における文学作品離れに危機感を持った文学部の教授陣が文学テクストの新しい読み方を模索し文学作品を教室の現場に取り戻そうという動きに共通性があるのは確かである。上記のScholesの下線部の引用部分に見るように、情報操作の時代（in an age of manipulation）に、教養と実用の狭間で大学教員が目指した方向性は、これまでの伝統的な文学解釈をやめ、メディアの攻撃から身を守るためにクリティカルな読み方を強化する教育が差し迫って重要であるとしている。「今必要なのは思慮分別のある態度である。つまり周到に理解し、盲点や隠蔽された意図を抜け目なく調べ、クリティカルに、探究心旺盛に、懐疑的な態度で」文学テクストに向き合うことで、メディアの勃興に対抗し問題解決の突破口を見つけ出そうとしたのだった（皮肉にも、メディアが社会に蔓延するほどクリティカルな態度でメディアテクストに向き合うことの重要性が時代を経てわかってくることになるわけだが）。
　一方、こうしたアメリカの動きから10年もしないうちに、日本でも英語を勉強するなら英文科に入学するという風潮は消え始めて

いた。英語が実用スキル教育の一環として英語教育のカリキュラムに再編された時期はまさに、「文学と非文学」「生産と消費」「現実の世界と学術世界」と同じ対立構図が日本の英語教育での問題でもあった。例えば、文学作品が教室から姿を消し、メディアなどの文学以外のテクストが使用されるようになったこと（リーディング教材の変化）、訳読に代表される英文読解の授業では読むことは単純に消費の行為であったが、授業環境の変化によって英文解釈の学習指導が多様化した（リーディング教授法の変化）ことは前述のとおりだ。そして今後の日本の英語教育では「何を」より「どのように」メディアテクストを読むのかが鍵となる。そのためにScholesが提案する文学の教え方は大いに参考になるだろう。例えば大学の文学部の文学入門といったコースで小説を教える場合、教員は「読む」「解釈する」「批評する」の3つのステップを段階的に踏んでテクストの知識とスキルを学生に教えることができる。

In reading we produce *text within text*; in interpreting we produce *text upon text*; and in criticizing we produce *text against text*. (Scholes、p.24)

3つのスキルは「テクスト内テクスト」「テクスト上テクスト」「テクスト対テクスト」をそれぞれ生産する作業であるという。教員の役目はあくまで学生がテクストを生産する作業に必要なコードを提供しながら手伝うことである。「テクスト内テクスト」の場合には、学生がテクストの中に入り込んで内容を読み取る初期段階の作業であるし、「テクスト上テクスト」では、学生はテクストの外側にいてテクストに寄り添い、意味を試行錯誤しながらクリティカ

ルに読み解くより高次な解釈作業であるし、「テクスト対テクスト」は学生が自身のテクスト解釈を他者と共有しながら判断する（collective judgement）最も高次の生産的作業であると言える（注3）。

　次に、文学研究とメディア研究の歴史的接点を2つの視点から見る。1つ目は、文学批評とメディアリテラシーについて。2つ目は、文体論と批判的ディスコース分析である。

　英語の読解クラスでは、テクストが文学であれメディアであれ、学習者が何をどのように読んで解釈するのかを教えることが学習の要になる。文学作品（小説）を解釈する場合、作品の内側だけを見て印象で解釈するだけではなく、作品を外側のいろいろな角度から解釈するためのツールを使うことで、作品鑑賞の幅を広くする。文学批評の発展の歴史は、作品は作家の人生観や人生経験を投影したものであるという立場からテクストを解釈する伝統的批評から、作品と作家の関係性を切り離す考え方へと変化していった。例えば1930年代、F.R. Leavis の一派から始まったニュークリティシズム（New Criticism）を中心とする形式主義は、「文学作品を現実の歴史的・社会的過程から切り離し、作品はあくまで統一性を誇るものでなければならない」（大橋 1995、p.77）という主張をする。ここには Leavis 一派が、当時のイギリスの伝統的文化である文学の「偉大なる伝統」を「低俗なメディア」から保護するという大義名分があった。1970年代頃になると「読者受容論」あるいは「読者

＊注3：同じ授業方法をメディアテクストを使用して実施するとどうなるかは今後の課題とするが、社会的問題を含むメディアテクストを使用することは、市民性を高めるための英語教育法として適切であると思われる。

反応批評」(reader-response criticism) が出現した。これは「文学作品はどこまでいっても未完成なもの」(大橋、p.95) という前提から、読者がテクストの解釈を決めるのであって、作品の存在は読者が読むことで初めて可能になるという考え方である。その後70年代後半から80年代に、最も難解な批評論と言われる「脱構築批評」(deconstruction) が誕生する。廣野 (2005) は『批評理論入門』で脱構築批評を以下のようにわかりやすく説明している。

　ある明快な作品解釈に出会ったとき、それに説得される一方で、「本当だろうか？」という疑問が生じてくる経験は、誰にでもあるだろう。それとは衝突する別の解釈の可能性があるような気がしてくるのだ。こういうとき、私たちは衝動的にテクストを脱構築しようとしていると言える。脱構築批評とは、テクストが互いに矛盾した読み方を許すものであること、言い換えるなら、テクストとは論理的に統一されたものではなく、不一致や矛盾を含んだものだということを明らかにするための批評である。(p.143)

　ニュークリティシズム、読者反応批評、脱構築批評といった一連の文学批評の変遷を見ると、メディア研究が文学と対峙して発展してきたことがわかる。これまで述べてきたとおり、メディアリテラシー教育は1930年代にスクルーティニー派と言われる英文学を専門とする教授たちによるエリート主義に端を発したニュークリティシズムの思潮から始まった。70年代になると、ポップカルチャーなど大衆文化と文学などの高級文化の垣根を超えようとする動きがカルチュラルスタディーズという近代のメディア研究の源流を生んだわけだが、この思潮は確実に文学批評の読者反応批評の流れをく

んでいる。80年代になると、メディアの本質に目を向けずに情報を鵜呑みにする危険性に警鐘を鳴らし、イギリスでは国語の教員に向けて、メディアリテラシー教育の必要性を説く教育者たちが出現した。代表的教育者であるMastermanが提唱するメディアリテラシーは、それまでのLeavis一派がとったエリート主義の評価的（evaluative）アプローチではなく、客観的で分析的なアプローチである。Mastermanはメディアをクリティカルに理解することは「テクストの脱構築（deconstruction of texts）」であると言及しているのも象徴的だ。

　推測の域を出ないが、そもそも日本における1990年代以降の文学離れの傾向は国境を越えて日本の英語教育に影響を与えたともとれる。現に、アメリカで発達した1930年代から1950年代のニュークリティシズムや、80年代の文学教育の回帰はイギリスからの文化的輸入ともとれる。

　伝統的な文学をメディアから守る目的で、メディア批判のツールとして生まれたメディアリテラシーは、もともと文学の本質を見極めるためのツールである文学批評なのだ。一見、文学テクスト（小説）の読み方とメディアテクスト（新聞記事）の読み方は対極にあると思われがちだが、テクストをクリティカルに読むための方法論の源流が同じであることは注目に値する。結局のところ、メディアをクリティカルに読むということは、文学を切り捨てることではなく、文学批評から生まれた分析アプローチを使って含蓄のあるテクストを主体的に読み解くことなのである。

2-3 文学テクストとメディアテクストの
　　ディスコース分析

　ディスコース分析（discourse analysis）とは何かを説明する前に、これまで本稿で使用してきたテクスト（text）とディスコース（discourse）の用語についてふれておく。この2つの用語は非常に近い概念を持ち、同意語としてよく扱われることもあるが、一般的に「テクスト」は分析の対象になる言語を扱う場合に使われ、「ディスコース」は文脈の中で意味をとらえる語用論的分析の時に使われる用語である。浅野（2000）はこの2つを「表裏一体の存在」としてとらえ、textを「静的概念」とする一方、discourseを「メッセージ伝達事象（Communicative Event）に関する文脈的な解釈」ととらえ、「動的概念」（p.10）として位置づけている。具体的にメディアテクストを例に考えると、「テクスト」は媒体のコンテンツ（新聞・雑誌記事、広告、ウェブサイト、ブログやツイッターなどの文字媒体や、写真や動画を含む映像媒体など）といった制作物そのものであり、「ディスコース」はテクストを文脈（context）レベルで解釈するもので、メディアテクストの制作者が意図しているかもしれないことを読み手（オーディエンス）がどのように意味づけるか、など語用論の視点が介在する。

（1）文体論と批判的ディスコース分析（CDA）

　次に、文学研究とメディア研究のもう一つの接点である文体論と批判的ディスコース分析（Critical Discourse Analysis: CDA）との関連性にふれる。文体論とは「高度な専門分化を果たした言語学と文学研究の両分野からの中間領域」（斎藤2000、p.159）という立場の学問分野で、特にイギリスで盛んになったStylisticsの名のも

と、1960年代から誕生した。文体論に関しての詳細はここでは割愛するが、「文体」という定義の曖昧さや、文学と言語学の中間的位置づけの学問分野が明確な学問的地位を確立するには年月を要した。斎藤（2000）によると、文体論は語学と文学にわたる広範囲な教育の方法論として、1980年代にイギリスのカリキュラム改革で注目を集め盛んになり、90年代に入って英語教育に応用されている（p.165）。中でも、イギリスの言語学者H.G. Widdowsonは教育的文体論を提唱した代表的研究者であり、文体論とEFLやESL教育を関係づけ、応用言語学、特に英語教育に大きな影響を与えた人物である。stylisticsは定義が難しいというのが通説であるが、Widdowsonは以下に見るように「言語学的批評」という立場で文体論をとらえている。

By "stylistics" I mean the study of literary discourse from a linguistics orientation and I shall take the view that what distinguishes stylistics from literary criticism on the one hand and linguistics on the other is that it is essentially a means of linking the two and has (as yet at least) no autonomous domain of its own.
（*Stylistics and Teaching of Literature,* 1975）

このように、文学テクストを言語分析する研究分野が文体論であるとすると、メディアテクストを言語分析するのに相当するのが、批判的ディスコース分析と言える。

学術的に「ディスコース」を明確に定義づけすることは難しいというのが通説である。一般的に理解されている意味との差も大き

い。日本語で「談話」あるいは「言説」と訳されるディスコースは、辞書的定義によると「談話：はなし。ものがたり。会話。ある事柄についての見解などを述べた話」であり、「言説：ことばで説くこと。また、そのことば」（広辞苑）とあるが、学問上で使用される意味のレベルには届かない。また、どのような学問分野で使用されるかによって解釈が異なることも、この解釈を複雑にしている。フランス語のディスクール（discours）に由来するディスコース（discourse）は、言語学の分野で「談話分析」（discourse analysis）の訳語が多く使われるため「談話」と訳されることが多い。一方、「言説」は知と権力の関連性を解明しようとしたMichel Foucaultの思想の影響を受け、通常は社会科学全般で使われる用語である。

　生来多義的な概念を持つディスコースであるため、当然ながらディスコースの分析手法——ディスコース分析（discourse analysis）に関しても、言語学、文学理論、文化人類学、記号論、社会学、心理学、スピーチコミュニケーション学など人文・社会科学の広い学術領域で使用されている。その歴史は2000年以上前、アリストテレスに代表される修辞学者が提唱した古典的修辞学にまで遡ると言える。その後、ロシアのフォルマリズムやフランスの構造主義の形態で進化し、社会言語学や発話の民族誌学の領域で発展してきた（van Dijk 1988、pp.18-20）。1960年代以降ディスコース分析のフレームワークは、単語、句、文章の統語レベルを超越して、文と文の結束性など文脈レベルで言語分析を行うものとして浸透しているが、具体的な手法は学問分野によって異なる。例えば、語用論や発話行為論に基づく会話分析（conversational analysis）はもともと社会学の分析ツールであるが、応用言語学の分野でもディスコース分

析の研究は進んでおり、日常会話だけではなく教室内の発話（Classroom Discourse）のデータ分析は英語教育にも影響を与えている。1970年代になると、社会における権力関係の形成に対して言語が果たす役割を明確にするテクスト分析の一つの形態としてCritical Discourse Analysis（CDA）が出現した。CDAは言語研究に根ざしたもので、言語使用と社会の構造を研究する学際的研究ということで近年さまざまな分野で注目されている。CDAは社会的文脈を含むテクストをディスコース分析する学際的アプローチなのである。CDAにおける「批判」（critical）という概念には政治的スタンスを表出するという意味があり、ヴォダックは『批判的談話分析入門』（2010）の論文「批判的談話分析とは何か？」の中で、「言語はそれ自体で権力を持つものではないが、権力者がそれを使用することによって権力を帯びる」（p.23）という前提に立ち、CDAの言語分析により社会の不平等が明らかになると述べた。

CDAは1970年代にヨーロッパ諸国で、修辞学、理論学、文体論を援用するために誕生した。1970年代以前、Chomskyに代表される言語学研究では言語の形式的な側面に焦点を置くのが主流だったが、80年代に語用論研究が進み、言語と文脈との関係に軸足を置くようになった。社会言語学的研究では社会的なヒエラルキーと権力の問題について関心が向けられるようになった。CDAはディスコース分析の一つのジャンルではあるが、会話分析などの他の社会言語学的アプローチの性質と一線を画している。これはCDAが注目されている昨今でも頻繁に混同される点である。van Dijk（1988）によると、「CDAは変形文法や選択体系機能言語学のような、数ある研究方向を示すものの一つではないし、談話心理学や会話分析のような談話分析という学問分野の下位区分でもない。CDAは方法

論でもないし、簡単に社会問題に応用できる理論でもない。CDAは、人文科学や社会科学のいかなるアプローチや学問分野でも行うことができるし、また、それらと組み合わせることもできる」(p.134) とあるように、学際的な批判的読解アプローチである。さらに、従来のディスコース分析とCDAの大きな違いは、従来のディスコース分析が語用論（pragmatics）から説明する記述的な（descriptive）目的を持つのに対し、CDAは、そのような秩序が依存している社会に住む私たちの知識が中立のものではないということを明らかにする批判的な目的（critical goal）を持つ分野である点にある。CDAはディスコースを言語学的に分析することにほかならないのだが、ディスコースに潜む社会的問題を可視化することに最大の特長がある。そのため、分析対象のテクストは社会的、政治的、文化的側面を持つメディアのテクストが有効であり、「何が書かれているのか」という視点からではなく、「どのような意図を持って書かれているのか」「誰が（誰に）書いているのか」という視点から分析をすることになる。

このように、文学テクストの言語分析は、メディアテクストの言語分析に大きな影響を与えてきた。これまでメディアテクストを読み解く方法論と文学作品の批評論とは同じ源流であることを述べてきたが、イーグルトンの名著『文学とは何か』（注4）の中で述べている「読書」で想定されるテクストは文学作品だけではなく、メディアを含めた幅広いテクストを示唆していることがわかる。

＊注4：文学理論の歴史的背景には当時の社会的勢力と密接な関係がある。本書では社会学の観点から掘り下げた議論はしていないが、大橋の解説によると、イーグルトンの原著 *Literary Theory*（1982）が出版された当時の批評理論は「脱構築」が全盛期であるが、これは60年代から70年代の革命的ナショナリズムの勃興を象徴とする大学闘争の時代（p.336）の影響から生まれた思潮である。

読書とは、まっすぐに進む直線的な運動でもなければ、単なる積み重ねの営為でもない。頭に最初に浮かんだ推測は、一つの準拠枠を生み、この準拠枠の中で、次に来るものは解釈されるが、次に来るものは、逆に、私たちの最初の了解へと遡ってこれを変容し、ある特徴にスポットライトをあてるとともに、残りの特徴を背景へと押しやるかもしれない。本を読むとは、仮説を作っては消し、信念を更新し、複雑な推測と予測を次々と行うことだ。文の一つ一つが、一つの地平を開く。そしてその地平は、次の文によって、裏付けを得たり、疑問に付されたり、否定されたりする。私たちの読書は、後ろ向きであると同時に前向きであり、予期と回顧から成り立っており、その際私たちは途中で否定したテクストの潜在的可能性がいつ何時実現するかもしれぬと意識している。またさらに、こうした複雑きわまりない活動は、多くのレベルで同時進行する。テクストには「背景」と「前景」が、さまざまな語りの視点が、いく層にも積み重なった意味の層が存在し、私たちはその中をたえず往還する。(p.121)

(2) ナラティブ構造から見た小説とニュース記事

　文学テクストとメディアテクストの文体や構造上で共通する3つの項目を挙げる。

　　　①語りの視点、②書き手の意図、③間テクスト性

　英語の読解の授業に利用しやすいテクストを選択するため、文学テクストには小説、メディアテクストには英文記事を適用する。

①語りの視点

　ナラティブ（narrative）は文学理論で使われる「語り」のこと

で、ストーリー（story）は物語の内容を意味する。ナラティブには必ず語り手が存在するので、ナラティブ構造を考える時には誰が語り手で、誰に対して、どのように物語を伝えられているのかが文学テクスト解釈の鍵になる。多くの小説は物語の中で起こっていることをすべて知っている「全知の語り手」としての「私」が読者に語る、あるいは登場人物の「私」が読者に語りかけることが多い。古典的文学作品には、通称「三人称の語り」と言われる「私」とは名乗らずに話が展開する形式もあり、感情移入している読者が最後に作者に騙されてしまうこともある。例えば、18世紀のイギリスの小説家Jane Austen（1775-1817）は何気ない日常生活をテーマにした牧歌的小説を書く作家だが、主人公を語り手にすることで、読者の共感をよぶ技法を効果的に使うことで知られている。また、語り手と読み手の関係を考える上で、語り手が誰であるかというのと同じくらい重要なのは、物語がどの視点（point of view）で書かれているかという点である。特定の登場人物の意識の中に入り込み、その視点から物語を展開させる古典文学作品は多い。例えば、アメリカ人だがイギリスに帰化した小説家Henry James（1843-1916）は視点の技法を使う作家として有名だが、"*What Masie Knew*"（1897）では、物語は一貫して大人の世界で実際には何が起きているのかを理解できない純粋無垢の子どもの視点から描かれている。「視点」（point of view）の技法は「焦点化」（focalization）とも呼ばれ、テクストの語彙や文法からテクスト分析をすることによって明らかになる。

　一方、Bell（1991）が「ジャーナリストは記事（articles）を書くのではない。ストーリー（stories）を書くのだ」（p.147）と書いたように、ニュース報道もいわばニュース物語でナラティブ構造を持

つ。ナラティブ構造は小説が作家の手によって構成されているのと同様、ニュース記事も書き手（ジャーナリスト、記者）が現実の出来事を「再構成」していることになる。ニュースの報道記事でも、実際の時間経過とは異なる時間的順序で出来事が配置されることも「現実を写しだす鏡ではなく再構成されたもの」というメディアの本質を裏付けている。ニュース記事を生み出すということは断片的な出来事に関する情報から、どの部分を排除しどの部分を残すかの決定はすべて書き手に委ねられている点で、小説における「視点」あるいは「焦点化」と同様と言える。Fairclough（2003）は以下の新聞記事を一例に挙げ、ニュース制作は「きわめて解釈的で構築的なプロセス」であることを指摘した。

Firemen Tackle Blaze

Night shift workers on a coating line at Nairn Coated Products, St. George's Quay, Lancaster had to be evacuated when fire broke out in an oven on Wednesday evening.

Four fire engines attended the incident and firemen wearing breathing apparatus tackled the flames which had started when a break off in an oven caught fire under the infra red element.

The fire caused severe damage to 20 meters of metal trunking, and to the interior of a coating machine and the coating room was smoke logged.

But the department was running again by Thursday morning.

（*Lancaster Guardian*, 7 October 1986）
（*Analysing Discourse*：*Textual Analysis for Social Research*、p.84）

この報道記事での語り手はジャーナリストであり、その視点によって事故が起きた直後の避難の様子や消防士の対応などが「焦点化」(focalization)されている。実際に火事が起きた時間的順序ではなく、火事の原因や火事そのものの描写にはふれられていないのは、ジャーナリストが火事発生の順序ではなく、ジャーナリストの目線で選択していることがわかる。

　メディアテクストのナラティブ構造に関しては、van Dijk（1988）もニュース記事の構成ツリーの仮説を提示し、リードには出来事の状況説明、過去と現在の事象や背景情報（文脈や歴史的背景）など、報道している出来事が不規則な時間軸でストーリー展開していることを明らかにした。つまり、事実はジャーナリストの手にかかって別の制作物に化してしまうことになる。

②書き手の意図

　文学作品はナラティブ構造を持つため、書き手の意図は必ず存在する。ただし、前述のとおり書き手の視点は作品の技巧によってさまざまである。書き手が語りの視点から書いていれば、作品と作家を同一視して意図をとらえることができるが、文学批評の歴史を見てもわかるように、書き手の技巧が複雑になるほど、作品と作家の距離は切り離され、作家が作品を通して伝えたかったことといったテーマは作品自体を精緻に読みこなすだけでは不十分で、作品が出版された時代背景、その他の作品との関連性（間テクスト性）、書簡や日記などから作家の人生や人生観を探る果てしない調査や分析に労力を費やすことになるかもしれない。いや、その過程を経ても書き手の意図やテクストの意味（textual meaning）は作家本人に聞いてみるしかないし、古典文学であればそれもかなわない。いや、

たとえ聞けたとしても、作家が執筆当初から原稿を仕上げた時まで同じ意図を貫いて書いたのかどうか知る由もない。例えば、Henry JamesのThe Turn of the Screw（1898）という名作がある。この作品に登場する亡霊の解釈には2通りあるのは文学研究者では公認（standard）である。1つは主人公の家庭教師は実際に亡霊を見たという解釈、もう一つは家庭教師の幻覚であるという解釈である。ここでは、作者と作品は完全に切り離される解釈しかできないわけである。ニュークリティシズム以降の批評論は作者の意図がどうであれ読み手や批評家はその主観に左右されるべきではないという考えである。

　ではメディアテクストについてはどうか。文学テクストに見られる作者の意図（intention）を研究する認知心理学者Gibbs（1999）が意図（intention）に関する本の中でニュース記事の書き手の意図について言及している部分がある。文学テクストや詩的メタファーを専門とする認知心理学者が、メディアテクストの意図について書いているのは非常に興味深い。

For instance, when reading factual material in a newspaper article or research journal, (1) <u>it is important to consider whether the implied authority is appropriate, or whether it is a mask used to hide ignorance or bias</u>. Authors of expository narratives do not mask their own personas, they simply attempt to blend into the text in a way that makes the author's voice appear beyond question. Obviously, effective readers of the columns that appear on the op-ed page of the *New York Times* carefully consider, for instance, whether an authors is a liberal or conservative, a Democrat or a Republican,

a representative of a special interest group, a member of a particular nationality or ethnic group, or even a man or woman. In such cases, readers are trying to understand why the author is taking a particular position in the editorial. However, (2) good readers must consider who the author is when reading news stories as well. Although news stories might attempt to be accurate representations of "facts," the facts that are used and how they are assembled are shaped by the author's biases and beliefs.
(*Intentions in the Experience of Meaning* pp.191-192　下線部は筆者による)

　下線部（1）は「想定された作者が適切かどうか、無知や偏見を隠すために使われているかどうかを考慮することが重要である」とある。Gibbsの指摘は、まさにメディアリテラシーを推奨していると言えるだろう。そして下線部（2）で、「良い読み手は（小説だけではなく）ニュース記事を読む時でも誰が作者なのかを考慮しなければならない」とある。つまり、小説を解釈する上で重要な語り手が誰であるか、という視点は、ニュース記事を読む時にも重要であるということだ。社説や論説記事には書き手のイデオロギー、偏向、信念が投影されているため、それを見越して記事を解釈しなければならないということである。「想定された作者」（implied authority）は読み手が作り出した虚構の作者であるとすれば、その存在しない作者が事実を隠蔽していないかどうかを見極めることが良い読み手なのだということになる。またFairclough（2003）によると、メディアナラティブには、歴史ナラティブのような、ストーリーと実際の出来事との関係や真実の問題を表す「指示的意図」

（referential intention）や、出来事を特定の視点を含んだ関係に引き込む「説明的意図」（explanatory intention）がある。書き手の意図という点から見ると、フィクションとノンフィクションの区別は明確ではないと言えそうだ。ナラティブでは語りの視点が誰であるか、もしその視点が偏った考えを持っているとすれば、全体の記事には書き手の視点が反映されるわけだということである。この考え方は小説とニュース新聞という異なるジャンルを批評する共通の視点なのである。

しかし、文学テクストとメディアテクストの解釈を見ると、共通点ばかりではない。

文学テクストが作品と作者を切り離すことで作品を解釈するのに対し、メディアの解釈は、事実報道かどうかを見抜くためにも、書き手であるジャーナリストの視点と意図がメディアテクストをクリティカルに解釈する鍵となるわけで、この意味では書き手とテクストの関係は強く切り離されるものではなく、むしろ近づくことでメディアテクストを脱構築することが可能なのだ。

③間テクスト性

文学テクストとメディアテクストの共通項として取り上げるもう一つの項目は「間テクスト性」（intertextuality）である。これも文学理論の用語であり、1つの文学テクストは、先行する文学テクストから何らかの影響を受けているという概念だ。「これは読んだことがある」とか「あの作品の展開と似ている」と感じる時に1つのテクストの意味が別のテクストの意味と関連があることを言う。同じ作家による別の作品ということもある。作家は意識的にも無意識的にも間テクスト性を使う。小説ではパロディ、文体模倣、主題模

做、直接的引用、構造的並行関係など（斎藤2000、p.138）の技巧が使われる。

ではメディアテクストにおける間テクスト性とは何か。Richardson（2007）が言うように、テクストは他のテクストや社会的実践（social practices）との結びつきによって初めて完全に意味をなすものである。「テクストは連鎖している」ため、例えば新聞のディスコースマーカーとして "another"、"further"、"additional"、"new" などの単語が意味するのは、すでに同じトピックで別のテクストが存在していることになる。また、1面のトップニュースとして掲載された大きなニュース記事は、社説や論説記事、記事など別のカテゴリーで同日に掲載されることが多い。新聞の間テクスト性は、毎日タイムリーにニュースが更新されるため、学習の習慣化という面から教育に応用することが効果的であると仮説を立てることもできるだろう。

2-4 学習教材のためのメディアテクスト

本章で述べてきたように、文学もメディアもクリティカルな視点で読み解くことができるテクストであり、その源流は文学に集約されている。1980年代からの文学離れという世界的潮流を受け、日本の英語教育でも教材から文学作品が姿を消し、それに代わるテクストとしてメディアテクストが挙がっていることは周知のとおりだ。しかし、なぜ文学テクストよりメディアテクストの方がこれからの英語教育に有効に活用されると考えられるのか。

本書が目指すこれからの大学の英語教育の目的である市民性は、現在の社会問題についてクリティカルに考え、他者とともにその問

題に取り組む姿勢のことである。その意味で、虚構の世界を語る文学テクストよりメディアテクストに優位性があると言えよう。なぜなら、文学テクストはその文脈の中で社会的問題を扱うことはあっても、読者が市民として取り組むべき現在の公共的課題を含むものではない。また読者が解決すべき問題でもない。一方、メディアテクストは人と現実社会をつなぐ媒体であり、そこには現在のさまざまな社会の公共的課題が含まれている。批評論をツールに、さまざまな角度から文学作品を解釈することによって作品が書かれた時代の社会構造をあぶり出すことは可能であるが、現在の社会構造の問題点を明らかにするためには、メディアリテラシーをツールに、さまざまな角度からメディアの制作物を解釈する必要があるのだ。

Masterman（1989）は前述の *Media Awareness Education: Eighteen Basic Principles* の１つに以下の項目を挙げている。

Media Education is topical and opportunistic. It seeks to illuminate the life-situations of learners. In doing so, it may place the "here and now" in the context of wider historic and ideological issues.

つまり、メディアリテラシー教育は学習者のリアルな生活状況に光を当てた今日的トピックを扱うのが特長であり「今この場で」起きていることを歴史的上のイデオロギーの問題をクリティカルにとらえることであり、市民が民主主義社会を生きるために必要不可欠な教育なのである。

第 3 章

メディアテクストを使った
英語リーディングの授業

メディアテクストをクリティカルに読むためには、現実的なところで学習者が英字新聞を読む英語力を備えていることが必要であり、そのハードルは低くはない。ここでは英語学習者のメディアリテラシーを英文読解力のツールとしてどのように活用するかを見てみる。

　本書の基盤となる英語教育の理論と実践の枠組みは第二言語習得論であり、英語教授法（TESOL）である。この章では、英語学習者（第二言語習得者）のリーディングプロセスに焦点を置き、学習者がクリティカルに読む必要な読解ストラテジー（Reading Strategies）とはどのようなものかを説明する。

3-1 英語リーディングの情報処理モデル

　「読む」ことは「考える」ことである。前章のイーグルトンの引用に見たように、読む作業とは書かれている意味は何かと頭の中で自問しながら構築していくプロセスである。読んだ内容についてさらに「これは本当なのか」「作者はどういう目的で書いたのか、その意図は何か」とクリティカルな視点から突き詰めた読み方をすれば、思考はさらに深く複雑になる。応用言語学の言語習得の分野では、読む、考える、記憶する過程を情報処理システムの認知的プロセス（Cognitive Process）ととらえることが一般的であり、成人教育においては、認知力（Cognitive Abilities）を使う学習法が効率的であると言われている。言語習得理論には幼児期における大脳の発達と言語習得の関係を研究する領域があり、第二言語の臨界期に関する仮説がある。成人になってからは発音面などでネイティブスピーカー並みの流暢さは望めないが、認知力が発達しているため、多

少わからない単語が文章に出てきても全体を理解することができる。

　読解プロセスにおいて認知心理学でよく取り上げられる2つのタイプの情報処理モデルがある。1つ目が概念駆動型（concept-driven）のトップダウン処理（top-down processing approach）と呼ばれるもので、すでに知っている知識をもとに読み進めていく方法である。2つ目は、意味をなす最小単位の形態素から単語や文章を一つ一つ丁寧に読みくだいていくデータ駆動型（data-driven）のボトムアップ処理（bottom-up processing approach）と呼ばれるものだ。形態素、単語、句、文章を一つずつ理解していくことになる。3つ目がトップダウン処理とボトムアップ処理が相互に作用する（interactive）処理モデルで、読み手はテクストから読み取れる情報と読み手自身の背景知識を交互に処理しながら理解しようとする（Carrell & Eisterhold、1983）。読む目的やテクストの内容などの状況に準じて脳の情報処理が対応する。例えば、新聞のテレビ欄にざっと目を通して読む場合にはトップダウン処理が優先されるだろうし、契約書をじっくり読む場合はボトムアップ処理への依存度が大きいだろう。読み手の背景知識の量などのファクターも影響することになる。外国語習得の場合には、インテラクティブ処理を意識的に行う指導が必要であろう。

3-2 背景知識とスキーマの活性化

　読み手の背景知識が文章を理解する時に大いに役立つというのは誰しも経験したことがあるだろう。テクストに書かれている内容と、すでに知っていることとを関連づけながら読むことで理解が深

まる感じがするからだ。しかしBernhardt（1991）の実験では、非専門的なテクスト（non-specialist texts）を使用した場合、背景知識とテクスト理解の相関性に関する研究はあまり進んでいない。さまざまなファクターが生じるため実証研究で明らかにされていないのが実情だ。ただし、専門性の高いテクストや、Yin（1985）による18名のサンプルで実施した実験では、英字新聞のトピックに関する背景知識の導入を図った授業を受けた学生が、受けなかった学生よりも英文記事をより理解したという結果が出ており、小さいサンプルながらも相関性が実証されている。

　ここでの背景知識は、認知心理学の考え方ではスキーマ（schema）と同義と言える。

　ワーキングメモリー研究を発展させた心理学者でスキーマ理論の提唱者であるBartlettのスキーマの定義を次のように示している。

"A schema could be defined as a mental structure consisting of relevant individual knowledge, memory, and experience which allows us to incorporate what we learn into what we know."

　つまり、スキーマとはテクスト理解に必要となる個人の知識、記憶、経験から構成された心的構造（mental structure）のことで、この構造が新しい情報を既存の知識に取り込んでいくことを可能にするという。また心理学者Baddeley（1990）は、"the schema is an organized structure that captures our knowledge and expectations of some art of the world."と、同じ構造を提示している。日本でも、英語メディアを使う授業では日本語の新聞や日本語のニュースを併用したり、日本語の対訳や日本語字幕がついた学習用メディアテク

ストを使う場合がある。英語教員は、学習者が難解な文章や単語を解読する負担を減らすため、母国語による背景知識の導入は恐らく直感的に行なっているはずだ。ではスキーマ理論（schema theory）とは何か。

According to schemata theory, comprehending a text is an interactive process between the reader's background, the text, and the knowledge of the world. Comprehending words, sentences, and entire texts involves not only one's linguistic knowledge but also one's knowledge of the world.（Carrell & Eisterhold, 1983）

　このように、スキーマ理論では、テクストを理解するということは読者の背景知識とテクストと世界知識と呼ばれる幅広い常識的な情報が相互に働くプロセスのことである。さらに、第二言語習得者による英文理解では テクストの内容に関する知識（content schema）、テクスト構成などの形式的な知識（formal schema）、文法や語彙などの言語的知識（linguistic schema）が不十分な場合に困難になる可能性がある。ただし読者がテクストの文章や単語をヒントに適切なスキーマを呼び出す場合には理解に結びつくが、間違ったスキーマを呼び出す場合には理解不能に陥ることもありうる。
　スキーマ理論と第二言語習得との関係について実証研究が行なわれてきているが、前述の背景知識と読解との相関性と同じく、概念に曖昧な部分があるとして1980年代から研究者の間には批判が多い（Grabe 2013、p.78）が、第二言語習得者が読む行為にはさまざまなファクターが含まれることが要因として考えられる。しかし理論と実践のジレンマは言語習得分野では散見されることでもある。

日本語の新聞を日常的に読んでいる学生が英字新聞を読む際、新聞を読んでいない学生と英文の理解力にどれほどの差があるのか、つまり背景知識がリーディングにどの程度の影響があるのかが証明されていなくても、現場の教員にとってこの相関性は感覚的に強力であることは否定できないし、「英字新聞を読める」という学生の自信が学生の動機づけに有効であることも教員は認識している。

3-3 読解ストラテジー

　学習者が英文を効率的に読んで理解するにはどうすればよいか。複雑な情報処理プロセスを持つリーディングを具体的な教授方法につなげるための方法論をここに示す。

　情報処理プロセスの観点から、読んで理解するということはどういうことなのか。Bernhardt（1991）はリーディングを「個人の問題解決作業」（interpersonal problem-solving task）を行なう認知プロセス（cognitive process）であると定義づけた。認知的な方略（cognitive strategies）を状況に合わせて使うのがリーディング力を高めるために必要であり、良い読み手（a good reader）は方略的な読み方（strategic reading）ができる読み手である（本論ではこの方略を「読解ストラテジー」reading strategiesということばで統一する）。読解ストラテジーの類型化は明確には分かれていないが、Anderson（1991）のカテゴリーでは、読解ストラテジーを5つの型Supervising strategies、Support strategies、Paraphrasing strategies、strategies for establishing coherence、Test-taking strategiesに分類し、全47項目から構成している。Supervising strategiesは自分の理解が正しいかどうかをモニタリングするストラテジー、Support strategies

は、例えば飛ばし読み・拾い読みなどのストラテジーで辞書使用も含まれる。Paraphrasing strategiesは言い換え、品詞分析や翻訳などを含むボトムアップ式のストラテジーであり、Strategies for establishing coherenceはトップダウン式のストラテジー、文章構造の理解や背景知識の導入が含まれる。Test-taking strategiesは読解テストの攻略法などである。

また、読解ストラテジーを、Pre-reading strategies、During reading strategies、Post-reading strategiesの3つに分けたParisほか（1991）のカテゴリーもよく知られている。多くのリーディングの教科書が洋書和書を問わずこのストラテジーを使っているので教員も馴染みがあるだろう。Pre-readingでは実際のパッセージを読む前の導入アクティビティで学習者に本題の予備知識と関心を喚起させるパート、前述したスキーマ活性化のため日本語の新聞を活用することも有効だろう。During readingでは実際に本文を読むパート、ここには推測を促す語彙チェックやtrue/false問題が添えられることが多い。Post-readingでは見直しや理解チェック、ディスカッションなどに拡大した練習問題も含まれる。

テクストの難易度に合わせて読むスピードを調整したり、学習者の背景知識と関連づけたり、文脈から単語を推測するなど英語学習者に合わせた認知アプローチのストラテジーを提唱する研究者は多い。いずれにしても、読解ストラテジーを、読む目的や状況に合わせて意識的に使うことができる。

読み手がstrategic readerであり、外国語のリーディングの授業では学習者をstrategic readerになるよう導くことが教員の役目である。Koda（2004）はstrategic readingに必要な要素として、「考察」(deliberate)、「目標・問題重視」(goal/problem oriented)、「読者主

体」(reader-initiated/controlled) の3つの点を挙げているが、これは情報処理プロセスとしての認知力に加えてメタ認知力を含有したストラテジーである。メタ認知とはKodaが "learner's understanding and control of their own thinking and learning" と定義するように、学習者が自分の思考と学習を内省する (reflective) 側面と、自己のより良いパフォーマンスを目指して適切に調整する自制 (regulatory) 行為の側面を持つ。こうしたメタ認知力を活用したストラテジーはメディアリテラシーのクリティカルリテラシーと同様、今後ますます重要視されるだろう。

通常、読解ストラテジーを習得するのは7歳から13歳まで (Koda) とされており、学習臨界期の仮説と重なる。つまり子どもと成人のリーディング指導法も意図的に変えるべきであり、読書や学習を通して発達する認知力やメタ認知力を活用した成人の英語教育は効率的である。また、日本のEFL環境で英語運用力を伸ばすために丁寧なリーディング指導を盛り込むカリキュラム改革は日本の大学教育に欠かせないのは前述のとおりだ。読み教材には、比較的難解と言われる文章の方が認知力とメタ認知力は発揮される。多読や速読用の読み教材ではなく、知らない単語や表現、馴染みのない文脈のテクストを読む方が、読解ストラテジーを自分の判断で選択することになる。選んだストラテジーが不適切であれば代替のストラテジーで試す意識的作業だからである。大学の英語教育は認知力を活用した成人教育の一環として、学習者にとって難易度の高い英字新聞や英字誌を読むことはよい訓練になるだろう。

Parisほかの読解ストラテジーを使った市販教科書はよく目にするが、Andersonのカテゴリーを網羅する教科書は和書では数少ない。例えば、*More Reading Power* (Mikulecky & Feffries、1996)

では4つに分かれたパートのうちReading Comprehension Skillsのパートでユニット別に10のストラテジーを扱っている。

Unit 1: Scanning, Unit 2: Previewing and Predicting, Unit 3:Vocabulary Knowledge for Effective Reading, Unit 4:Topics, Unit 5: Topics of Paragraphs, Unit 6: Main Ideas, Unit 7: Patterns of Organization, Unit 8: Skimming Unit 9: Making Inferences, Unit 10: Summarizing

読解ストラテジーの難易度としては拾い読み（Scanning）が最もやさしく、推測（Inferencing）や要約（Summarizing）ストラテジーが高次なメタ認知を必要とするストラテジーである。

ここで、実際のリーディングの授業例を示す。筆者が担当する1年次の必修科目の「英語リーディング」の授業で推測（Inferencing）のストラテジーを使う練習問題に受講者数33名が解答した（推論ストラテジーは本論で述べてきた「クリティカルな読み方」に非常に近い概念であり、高次の読解ストラテジーであるため、授業で積極的に導入している）。このアクティビティが目標とするスキルは英文を読みながら「推論する」プロセスを体感することなので、基本的に正答はない。学生が自分なりに出した解答を裏付ける意見や証拠があれば教員は正解と判断する。次のパッセージはその練習問題の1つで、教科書 *More Reading Power*（Mikulecky & Feffries、1996）からの抜粋である。

Question: In the following paragraph, someone is talking about their job. Working with another student, infer what the job is.

"My day starts at four o'clock in the morning. That's when my feet hit the floor. I'm at work at five-thirty and I finish at two in the afternoon. In between I do a lot of walking. I wear out a lot of shoes each year—maybe four or five pairs. And my poor feet, at the end of the day they're really hurting. The other problem is the dogs. Sometimes you can make friends with them and they'll follow you around. But other times, they can be mean. I've been bitten a couple of times. I can't say as I care much for dogs any more. But it's not all bad, my job. One think I like is the way you meet a lot of people. You learn all about their private lives, too. It never gets boring."（*Reading Power* p.164）

学生の回答は以下のとおりだった。

    新聞配達員　　4
    犬の調教師、訓練士、犬の散歩代行サービス　　7
    ペットショップオーナー、ブリーダー　　2
    農家、農夫　　2
    狩人、ハンター　　3
    陸上選手　　2
    マラソン選手　　2
    郵便配達人　　2
    靴職人　　2
    車夫　　1
    牛乳の配達人　　1
    工事の人　　1

アナウンサー　　1
登山家　　1
無回答　　2

　回答した職業を分析してみると、walking、shoes、feetの単語を認識することで「靴職人」「陸上選手」「マラソン選手」と解釈した学生、「狩人、ハンター」は"hurting"をhuntingと読み間違えた可能性がある。9名の学生が"dogs"をヒントに職業を選んだようだ。牛乳や新聞の配達は必ずしも学生の世代では身近な光景ではないかもしれない。一方、飼い主ではない代行者が犬の散歩をするイメージは容易につくようだ。ここから見えることは、単語レベルで解釈する学生（ボトムアップ式理解）と文脈レベルで解釈できる学生（ボトムアップ式とトップダウン式）が明らかに二分される点である。後者の解釈ができた学生は、具体的な事実から結論を導き出す帰納的推論を導き出せるが、前者の読み方しかできない学生は、単語認識力（word recognition）が弱いことを意味し、統語面（語彙と文法）での学習が次の課題になるだろう。また、学生の解釈が異なるのは、推論する力の有無だけではなく、学習者の知識や経験によるところも大きいことがわかる。

3-4 リーディング学習教材としての英字新聞

　次に、読解ストラテジーをメディアテクスト（ここではニュース記事）にどのように活用できるか見てみる。大学の語学授業で英字新聞を使う教員は多い。授業で英字新聞を使うメリットとしてまず挙げられるのは、新聞がオーセンティックな素材（authentic material) であることだ。つまり、学習者にとって自分の興味関心がある内容で外国語にふれることは学習者の動機づけを刺激する。新聞には多彩なトピックが盛り込まれているため、誰もが読んでみたいと思う内容に遭遇できるはずだし、一般的に言われる情報源の信憑性という面でも新聞は有効だろう。国内外で起きているタイムリーな時事的内容を定期的に伝える特性を持つ新聞と教育効果の意義は、1980年代アメリカで始まったNIE（Newspaper in Education）の原動力となった。こうしたアメリカの動きは外国語教育の枠組みではなく、あくまでメディアリテラシー育成という教育目的と、メディア産業のデジタル化に伴って産業界が紙媒体の衰退を食い止める商業的目的があったのではないかと思われるが、教育に新聞を使用する意義を認識している点では日本も同じである。本稿の大学の英語教育の目的である、公共的課題に取り組むために、授業に新聞を取り入れることは大きなメリットと言える。

学習のテクストを英字新聞にする場合、教員は学習者の英語能力や新聞のジャンルなど、学習者のモチベーションを下げないような配慮と、ストラテジーの難易度を考慮した授業計画を立てることが必要になる。日本で発行されている英字新聞でも、海外で発行されているものでもよいが、前者の場合は英語のレベルが低いクラス、例えば大学1年次程度の学生を対象に日本語の新聞と併用するのが効果的と考える。一方、海外で発刊されている英字新聞は英語レベルの高いクラスで、大学2、3年次程度の学生を対象にするのが適している。

英字新聞を学習教材で活用する目標として、浅野雅巳名誉教授が挙げたのは（2005年日本時事英語学会（当時）夏季セミナー「英字紙を使った戦略的な大学英語教育—ENIE運動の幕開け」）、次の

8点である。

　1．文字、活字、新聞を読む習慣の促進（思考力・判断力の発達）、2．メディア英語で常用される語彙の大量摂取、3．メディア英語を通した社会的・国際的問題意識の覚醒、4．歴史感覚・グローバルな地理感覚・異文化理解力の育成、5．知的会話・ディベート・スピーチ等の表現能力の基盤形成、6．メディアリテラシーの啓発、7．知的関心領域の拡大、8．創造力の活性化

　英字新聞を活用することでこれほど多面的な語学授業を展開することができるわけだが、現実的には毎回の授業で担う教員の負担が大きいというデメリットもある。毎回の授業で学生が関心を持つニュース性あるタイムリーなトピックの記事を使うとすると、教員がアクティビティ作成の準備に費やす時間は果てしない。英語のレベルが低いクラスには英文をやさしく書き直したテクスト（simplified text）を別に用意することもあろう。すぐに題材の鮮度が落ちるため翌年に持ち越せるような教材でもない。そして、何より、学生だけではなく英語の教員でも共通認識として「英字新聞は難しい」「うちの学生には無理」という固定観念が英字新聞の活用を邪魔していることは否めない。文学テクストの代替として語学授業の現場で「生きた教材」として使われたメディアテクストを学習教材として使用するには抵抗があるという傾向は、世界共通のようだ。イギリスで発行されている、ESL向けの *Newspapers*（1993）の著者Grundyはそれを踏まえて新聞の活用を以下のように呼びかけている。

　"Most learners find newspapers difficult: they are full of

obscure headlines, insular references to unfamiliar cultural and sporting events and personalities, dense columns of printed text, and much that reflects negatively on the host society. It is emphatically not the job of the language teachers to provide missing cultural information; but it is important to give learners the confidence to tackle newspapers, and in particular, to help them find their way around them and establish a working familiarity with their content." (p.9)

　日本の英語教育に英字新聞を使う第1の理由は、メディアテクストをクリティカルに読むための教材として最適であるためだが、副次的効果として、学生に「英字新聞を読むことができる」という自信を持たせることが学習の継続性やモチベーション維持につながる、という教育的目的達成をもたらす潜在性があるからなのだ。実際、学習者の自信とやる気こそが何より学習の原動力になる。
　また、Grundyは、社会、経済、文化のさまざまな側面から今起きていることを伝える新聞を外国語教育で活用する意義は、特にESL環境の第二言語習得者にとって大きいという。

" …newspapers are a cheap, widely available, authentic resource containing an immense variety of text types; they have a crucial role to play in developing second language reading skills; and they evoke authentic responses and are a major aid to <u>acculturation</u>." (p.9　下線部は筆者による)

　英字新聞が学習者のオーセンティックな反応（authentic

responses）を喚起し、文化変容（acculturation）に役立つと述べている。「文化変容」とは「異なる文化をもつ集団同士が持続的な接触をした結果、その一方または双方の文化に変化が起こる現象」（広辞苑）という意味で、ここでは第二言語習得者が異文化に同化する動機づけにもなりうることも示唆している。

　しかし、メディアテクストが英語の学習者にとってハードルが高いジャンルであることは事実であり、英語の文章を理解する際のハードルを越える工夫が必要である。学習者の文章理解を促す要因として最も重要なのは単語認識力（word recognition）を高めることなので、文字と音声を結びつける（符号化）ために音読やシャドーイングを行うとか、関連の語彙を増やすために同じ題材を複数の記事や別のメディアで読むことでメディアの間テクスト性を活用するなど、日常的に英語教員が直感で行っている授業方法を柔軟に取り入れることが重要である。

　次に実際に教材として扱うメディアテクストを活字メディアのニュース記事に限定してその特徴を紹介する。

3-5 ニュース記事の特性

　ジャーナリストでもありメディア言語の研究者でもあるBell（1991, p.14）によると、ニュース記事は大きく分けて、ハードニュース（hard news）、ソフトニュース（feature articles）、特定のトピック記事（specific-topic news）、その他のジャンルに分類される。ハードニュースにはスポットニュース（spot news）と呼ばれる事故、災害、紛争、犯罪などの緊急性が高い主要ニュースと、選挙や国際交渉など政治、外交を舞台としたニュースが含まれる。ソ

フトニュースはハードニュースと比較して緊急性が低く、社外のジャーナリストの署名入りの記事や、書き手の意見や主張を含む社説（editorial）や論説記事が含まれる。特定のトピック記事とは、政治、経済、ビジネス、金融、スポーツなど特定の分野に特化したジャーナリストによって書かれた記事である。これ以外のジャンルには見出し、副題、キャプション、写真などが含まれる。スポットニュースの典型的なジャンル構造は、見出し、リード（第1段落）、サテライト（第2、3段落）、まとめ（第4段落）で構成されている。

（1）見出しとリード

「見出し」と本文の第1段落目の「リード」は、マクロ構造（macro structure）と呼ばれニュース記事の要約部分であり、記事の導入として重要な役割を果たしている。ニュース記事を理解する場合、見出しとリードさえ読めば記事の全容がつかめると言っても過言ではない。見出しは記事の顔で、「リードの要約の要約」（Bell、p.150）とも呼ばれ、記事全体を包括する要約である。Bell（1991）によると、ジャーナリストは渾身の力をふりしぼって（the ultimate in the journalist's drive for summarizing information）要約するそうだ。ニュース記事の制作過程で見出しは最後に書かれ、最終的にコピーエディターによって完成される最終段階を踏む。見出しに強い印象を与えることで読み手に記事の本文に目を通すよう誘導するため、統語ルールを逸脱する見出し特有の文法が存在する。例えば、冠詞の省略、be動詞の省略、略語の多用、未来を表すto不定詞、現在時制の使用などがある（ホーマン、2009）。また、見出しだけに通用する新聞社独自のスタイルや、レトリック面（ユー

モア、メタファー・換喩、誇張、語呂合わせ）でさまざまな技巧が使われるのも見出しである。例として、2016年6月24日の英国EU離脱を決めた国民投票開票後の翌朝の英国発行の新聞4紙の1面の見出しを取り上げる（注5）。

① Britain Backs Brexit（*Daily Telegraph*）
② SEE EU LATER!（*The Sun*）
③ UK out. PM out（*The Independent*）
④ WE'RE OUT（*Daily Mirror*）

①は頭韻（Brexitは"British"と"exit"を組み合わせた造語で離脱を意味する）、②は"you"と"EU"の語呂合わせで、"SEE YOU LATER"をもじっている、③"PM"（prime minister＝キャメロン首相）と"out"を並列に並べた修辞表現、④"WE"は扇動的な修辞表現である。後述するが、CDAにおける「我々」と「彼ら」の対立関係（「我々」が英国、「彼ら」はEU）を暗示する。

次に、本文第1段落のリードの特徴を見る。ハードニュースの場合には通常、5W1H（いつ、どこで、だれが、何を、なぜ、どのように）が含まれるように構成され、客観報道が求められる。分詞構

＊注5：英国の新聞は読者層によって高級紙と言われるbroadsheet（大型紙面）、mid-marketと呼ばれる中間層の新聞、そして大衆向けのタブロイド紙red-top tabloidに三分される。読者は年齢、ジェンダー、人種などの影響ももちろんあるが、英国では階級（class）によって読む新聞が明確に線引きされ、例えばA/Bクラスの富裕層の48.6％がFinancial Times, The Times, Daily Telegraph, Independent, GuardianなどのBroadsheetを読み、わずか5.7％がDaily Mirror, The Sun, The Starのred-top tabloidを読んでいる。高級紙は5種類の選択肢があるが、タブロイド版は3種類という数の差は、英国の新聞産業のシステムにおける富裕層と新聞購読の関係を如実に表している。英国全人口の25％がbroadsheetを購読しており、その88％が富裕層であるという。

文を使った1段落1センテンスの長い文章で構成されていることも多い。平均25ワード程度で構成されるリードの評価基準はnewsworthiness（報道価値）、brevity（簡潔さ）、clarity（明確さ）の3点である（Bell、p.176）。リード以下は緊急度や重要度の高い順、いわゆる「逆ピラミッド型」で書かれていることが構造上の特徴であるが、その理由は紙面制作の編集の際、飛び込み記事などが入って紙面スペースを制限しなければならない場合、カットされる優先順位はニュース価値の重要度が低い後方の段落からというルールが適用されるからだ。また、紙面レイアウトの兼ね合いから文字制限が厳しい。リードを書くことは"the agony of square one"（Cappon、1982）と言われるように、経験のない記者にとって相当困難な作業であるという。元ジャパンタイムズ編集局長のジャーナリストの村田（1973）によると、AP通信による「APリード」が誕生したのは、アメリカ南北戦争のさなか、「戦況ニュース」として見出しに「急報」を入れた時で、それ以降、それまでのイギリス式報道、つまり時間的順序に沿って報じる形式から現在の書き方に変わった（p.48）。

（2）事実（facts）と意見（opinions）の考え方

ニュース記事の特性の一つとして挙げられることは、記事には事実（facts）と意見（opinions）が混在していることである。事実と意見の線引きが最も明確なのは、ハードニュースのリード部分で、基本的には5W1Hの形式で書かれているため主観的記述は盛り込まれず、客観報道が原則である。しかし、メディア研究の観点からは「原則」というより「建前」であると言えるだろう。メディアはニュース価値（news values）の高いトピックを選び記事にするた

め、中立的あるいは客観的な（objective）ものではなく、社会的イデオロギーを反映するものである（浅野、p.9）。

　15年の記者経験を持つジャーナリストの松林（2016）も、「不偏不党」「公平中立」を謳う新聞業界には政治的スタンスがあるとし、社説と署名記事以外の記事では記者の意見を挟まないことが求められているが、現実は「客観報道の体裁をとりつつ、実際には社としての主張を盛り込んだ記事を書く」と述べている。メディアの言語が恣意的であり記号であるという考えから出発したメディアリテラシーの考え方はそもそもこうしたメディアの特性によるものだ。松林は、建前は客観報道とされており選択された情報記事に対してクリティカルな読者になるためのヒントを与えている。それはどのような主張にも必ず反対意見や否定的な意見が存在するので、書き手がいかに「否定的な事実がどれだけ記事に書かれているか」を読み取ること、また推測的表現がどれだけ使われているかに注目することを挙げている。松林が挙げている例は、「与党が提案したある政策について、国民から反発の声が高まっている」という記事の場合、「しかし、この政策が正しいと支持する声も少なからずある」という事実がどれだけ書かれているかに注意して読む必要があるとする。また「〜しそうだ」という推測表現の有無が客観と事実報道を見分ける助けになると説いている。

　一方、ソフトニュースでは書き手の「意見」を伝えることが書き手の意図であるため、読み手は書き手のロジックや意図、直接書かれてはいないイデオロギーや主張がどのように書かれているか、いわば書き手の筆の息づかいとも言うべきものをとらえることになる。中でも社説は新聞社の政治的スタンスが最も如実に表現される場所である。

(3)社説を読む

　では英語メディアのディスコースでは暗示的に含まれる書き手の立場やイデオロギーはどのようにして見つけることができるのか。CDA研究の代表的先駆者として突出した研究者の一人であるFaircloughは社会における権力関係を社会言語学的アプローチから分析する研究者であるが、その分析手法としてモダリティ、評価、人称代名詞に焦点をあて、書き手の心的態度とアイデンティティの関係を明らかにしている。モダリティ化のマーカーには、認識モダリティの場合は法副詞（certainly, probably, possibly）、義務性を表象する義務モダリティの場合には分詞形容詞（required, supposed, allowed）などが使われる。評価に関しては、善と悪に関する陳述（"good/bad" "wonderful/awful"）や、評価的要素の強い形容詞がモダリティ化のマーカーに数えられる。また一人称の陳述（I think）や一人称複数形（we）は経験を共有する包含的な共同体を含蓄する（Fairclough、p.171）。こうしたモダリティのマーカーを授業方法のツールに取り入れれば、クリティカルリーディングとメディアリテラシーを促す授業が可能になる。一例として2016年11月19日の *The Financial Times* の社説の一部を以下に挙げてみる。
（「じっくり・ざっくり２度読み簡単！　英字速読術」ホーマン由佳「週刊ダイヤモンド」2016年12月10日からの一部抜粋）

Japan places a large bet on personal diplomacy

①<u>Abe did well</u> to elevate Tokyo-Washington relations at Trump Tower

第3章　メディアテクストを使った英語リーディングの授業

　US-Japan relations face their most important test since the end of the second world war. It is a measure of the depth of Tokyo's concern that Prime Minister Shinzo Abe ②should break with long-held protocol and meet the US president-elect before his inauguration. Much hangs on whether this bold initiative persuades Donald Trump to rethink ③his reckless attitude towards America's most important allies in Europe and Asia.

解釈：
①　フィナンシャルタイムズ紙が安倍首相による異例の米国訪問を「よくやった」とあからさまに評価している。
②「安倍晋三首相が長年の外交儀礼を打ち破り、就任前に次期米大統領と会談するとは、日本政府の懸念の深刻さは相当なものだ。」ここで使われる助動詞shouldが感情（驚き）を表す働きがある。
③形容詞reckless（無謀な）はトランプ次期大統領に対する書き手の姿勢が見てとれる。フィナンシャルタイムズがイギリスの新聞であることを考慮すると、日本などのアジアの同盟国だけではなくヨーロッパの重要な同盟国に対する（イギリスを含む）姿勢を問題視する発言であると言える。

　紙面の中で、ある事象に関して堂々と新聞社が持つ価値判断を公言できる場が社説と論説記事であるのは、欧米の新聞も日本の新聞も同様である。英国のEU離脱を決めた国民投票開票を受けて、6月25日（日本時間）の朝刊で日本の新聞各紙が報道した社説の見出しを一部紹介する。
　　「英国がEU離脱へ　内向き志向の連鎖を防げ」　　　（朝日新聞）

「世界を揺るがす残念な選択だ　国際協調で市場の安定に努めよ」
(読売新聞)
「英国EU離脱へ　混乱と分裂の連鎖防げ」　　　　(毎日新聞)
「英EU離脱（上）世界経済と秩序の混乱拡大を防げ」

(日本経済新聞)

　日本語の新聞の社説の特徴として顕著なのは、すべての記事で動詞が命令形を使用している点で、指示を表象するモダリティを含意していることになる。

　では海外の新聞記事の見出しはどうか。ここでは代表的論説記事である社説（新聞社の編集委員によって書かれた記事）とOp-ed記事（社外のジャーナリストによる署名つき記事。社説の反対側に掲載されるためOpposite the editorial pageを略してこう呼ばれる）を以下に挙げる。英国の国民投票開票後、最も早く紙面に掲載された米国①②③、中国④、英国⑤⑥のソフトニュース記事の見出しである。

① Britain Leaves on a Cry of Anger and Frustration (June 24, 2016 *The New York Times*)

　　　社説「英国、怒りと失望の世論によって離脱」

② Britain's Brexit Leap in the Dark (June 24, 2016 *The New York Times*)

　　　Op-Ed記事「英国の離脱が暗闇に飛び降りた」

③A New American Deal for Europe (June 27, 2016 *The Wall Street Journal*)

　　　社説「欧州へ向けて米国に好機」

④China respects Brexit decision (June 24, 2016 16:09 *Chinadaily*)

社説「中国、英国のEU離脱に敬意をはらう」
⑤Britain takes a leap into the dark（June 24, 2016 *The Financial Times*）
社説「英国は暗闇に飛び降りた」
⑥The Guardian view on the EU referendum: the vote is in, now we must face the consequences（June 24, 2016 1 *The Guardian*）
社説「ガーディアン紙の国民投票の見解：開票、この結末に我々は直面しなければならない」

The New York Times と *The Financial Times* の見出し①と⑤が類似しているのは、前述の日本語の見出しと同様に、使用頻度の高い慣用句を偶然に使用したに過ぎないようだ。見出しを叙述法的に比較して特徴的とみられる点は、③の *The Wall Street Journal* だけが名詞句で、他は主語・述語の節で完結していることである。名詞化（nominalization）は活字メディア特有の「プロセスの比喩的な表象」metaphorical representation of process（Fairclough、2003 p.143）としてのレトリックである。ある特定のことがらに誰が（agent）働きかけているのか、またいつ起きたのか、その責任の所在を明らかにしなくてもよい効果があり、事実を伝達することを故意に避けることができる。例えば、"destruction" とあれば、"was destroyed" なのか "is destroyed" なのか "will be destroyed" なのかをすべて網羅し、また誰が壊したのかを隠蔽することができる。日本語では和歌や俳句などの影響により、体言止めは余韻を持たせる表現として広告でよく使われるレトリックであるが、新聞メディアにおける名詞句の多用は新聞社のスタイルと関係しているところがある。例えば英国発行の新聞の見出しの場合、大衆紙のタブロイド版と高級

紙の普通版を比較すると、名詞化の使用頻度はタブロイド版で全体の24.7%、普通版4.5%と、約5倍の使用頻度の差がある(Richardson、2007)。つまり、英国の大衆紙は、事実の裏付けがない記事や、行為の作用者を不在にする見出しが多いということになる。⑤⑥はいずれも英国の高級紙に属しているが、*The Guardian*に比べて*The Financial Times*は国内より海外の方が発行部数が多い新聞である。一方、米国の経済紙*The Wall Street Journal*は、英国の大衆紙と高級紙の区分に属さない。しかし、英国のEU離脱をあからさまに前向きにとらえている米国の経済紙がこうしたレトリックを使うのは興味深い。以下、③のリードを示す。

> Britain's decision to leave the European Union opens an era of political disruption, but along with it comes opportunity. <u>The U.S.</u> can seize this moment of uncertainty to reassert its leadership of a Western alliance of free nations.
> 英国のEU離脱は政治的分裂の時代の幕開けとなったが、それに伴い好機も訪れる。米国はこの不透明な時をとらえて西側自由主義陣営の指導的役割を再び主張することができるのだ。(翻訳、下線は筆者による)

米国(The U.S.)は換喩を使って強調され、相手にBritain(英国)と欧州(EU)とが対比して使われている。そこにディスコース分析で見る対立関係はないが、これに続く段落にオバマ政権を非難する内容があることを考慮すると、かつて米国から恩恵を受けて繁栄した欧州から、今度は恩恵を受け取り米国の覇権を取り戻すべきだという「米国ファースト」の価値観が透けて見える。見出しに戻っ

てみると、世界恐慌後の米国のニューディール政策とかけて、欧州への働きかけで米国経済を復興させるべきだと主張する新聞社の思想が明確化する。④の見出しは"China"の意見がストレートに表現されており、新聞社がEU離脱を強く擁護する立場であることは一目瞭然だ。

　メディアテクストを学習教材に使う最大のメリットは、英字新聞の記事には「今」の社会の公共的課題が盛り込まれているためクリティカルに読み解く最適の読みものである点である。「誰がこれを書いたのか」「なぜ書いたのか」を超えて、「このことばがなぜここで使われたのか」「なぜこういう構成になっているのか」と掘り下げることで、社会の問題点などが見えてくる。また新聞の読み比べをすることで物事を多面的に考えることができ、結果的に意見や背景の異なる学習者と英語を介して意見交換できるようになれば、より高次の市民性を獲得することができる。

　ここで、⑤の社説を例に、実際のリーディングの授業でどのような指導が可能かを見る。以下、2016年6月24日発行の The Financial Times の英国が国民投票によってEU離脱が決定後初めての社説である。

　　見出し

　Britain takes a leap into the dark
　　英国は暗闇に飛び降りた
　The referendum result may well go down in history as the "pitchfork moment"
　　国民投票の結果は「支配者層への抵抗の一揆」として歴史に残るだろう

リード

　The people have spoken. Britain's decision to leave the EU is the biggest shock to the continent since the fall of the Berlin Wall. The repercussions will be felt in the UK, Europe and the west.

　国民は表明した。英国のEU離脱の選択は、1989年のベルリンの壁崩壊以来、欧州大陸に最大の衝撃を与えた。波紋は英国や欧州だけでなく、西側諸国にも広がるだろう。

サテライト1

　More than four decades after joining the European Economic Community, the UK has elected to cut itself adrift. Since 1973, EU membership has anchored its foreign and economic policy. Britain will now leave the bloc of 27 other nations and its guaranteed access to a market of 500m people. It is hard to see a way back.

　英国は欧州共同体（EEC）に加盟してから40年以上で離脱を選んだ。1973年以来EU加盟国として外交と経済政策を支えてきた。英国はEU圏内の他27カ国と5億人を抱える単一市場への保証されたアクセスをこれから手放すことになる。後戻りは難しい。

サテライト2

　Throughout the referendum campaign, *The Financial Times* has argued that leaving the EU would be an act of self-harm.

This vote will damage the economy and weaken Britain's role in the world. It is also a devastating blow to the EU.

フィナンシャルタイムズは国民投票までの間、EU離脱は自傷行為だと主張してきた。離脱に投票すれば経済に打撃を与え、世界における英国の役割を弱めることになる。EUにも壊滅的な一撃になる。

まとめ

Europe is still struggling with the slowdown in the eurozone and the most severe migration crisis since the second world war. Across the continent, from Paris to Rome and Warsaw, populism is on the march, the establishment in retreat. Britain's referendum result may well go down in history as "the pitchfork moment."

欧州は未だユーロ圏の景気減速や、第2次世界大戦以来最も深刻な難民危機に苦しんでいる。パリからローマ、ワルシャワまで欧州全域でポピュリズムが台頭し、支配勢力が後退している。英国の国民投票は「支配者層への抵抗の一揆」として歴史に残るだろう。

（翻訳、下線は筆者による）

まず、学生は記事を読む際にどの読解ストラテジーを使うのかを意識することが大切である。それまでAndersonのカテゴリーを体系的に学生にインプットしておくか、あるいは前述の*More Reading Power*のようなstrategic readingを推奨する教科書などを使ってあらかじめ読解ストラテジーの使い方を訓練しておく必要はある。

例)
Scanning：記事に掲載された写真とキャプション、見出しを拾い読みする
Predicting & Previewing：リードから第4段落くらいまでにざっと目を通して内容を推測する
Guessing from the Context：わからない単語があっても飛ばし読みをする
Topic：どのような出来事について書かれているのかをとらえる
Main Idea：何が主旨なのかをとらえる
Patterns of Organization：構成パターンは何か、ニュースのナラティブ構造は何かをとらえる
Skimming：斜め読みをして内容を理解する
Making Inferencing：書き手の意図は何か、新聞社のイデオロギーをとらえる
Summarizing：記事全体を自分のことばで要約する

　学生が読解ストラテジーを状況に合わせて意識して使えるようになると、次の段階はクリティカルな読み方ができることを目標にする。テクストに書かれていることを理解できた次の段階はテクストに暗示されていることは何かをディスコース分析することである。具体的には、文法構造や意味の結束性（coherence）から書き手の意図や主張を明らかにする作業である。
　第2章で見たナラティブ構造の観点からこのニュース記事をクリティカルに読んでみる。まず構造的に、リードは出来事の導入（Introduction of Complication）、第2段落（サテライト1）は場面の背景（Setting）、第3段落（サテライト2）はクライマックス

(Climax)、最後の第4段落はまとめ（Final Resolution）というニュースナラティブで構成されている。リードは記事の要約、第2段落はEUの前身EECに遡るEUの成り立ち、第3段落で新聞社のEU離脱に対する価値判断、つまりEU残留を擁護する立場が明確化されている。そして第4段落には、副題と同じフレーズを含むことでプロットの謎は解明し、ここで一つのストーリーが完結している。ミクロ的文法構造の点から見ると、時制は現在形、完了形、現在進行形が使われ、出来事の時間的関係は入り組んでいるが、第3段落のalsoの付加や事象の詳細化により出来事が積み上げられていくストーリーで構成されており、意味論的結束性が高い。また、文法構造をモダリティのマーカーの点から見ると、法助動詞（見出し副題と4段落目のmay well、リードのwill be felt、2段落目と3段落目のwillとwould）によって、書き手の意図、心的態度が反映されている。また3段落目のhardも評価形容詞として認識される。また、新聞社の思想が第3段落の*The Financial Times*は換喩を用いて表現されている点は、代名詞を使って論述することが多い日本の新聞との違いでもある。

　本章では、米英の話題性の高い英国のEU残留か離脱を決める国民投票の記事、また米国トランプ大統領と安倍首相の記事を例に挙げてきたが、最近のメディアとトランプ大統領との対立、世界的なフェイク（虚偽）ニュースの拡散問題、英国のEU離脱後のメイ首相の対応など、ニュースは常に変化していることを活用して長期的に特定の出来事を追った読み比べをすると、内容理解に加えてより高度なリテラシーを身につけることが可能になるだろう。

参考資料

＊朝日新聞（2016年6月25日）

http://www.asahi.com/articles/DA3S12426130.html

＊日本経済新聞（2016年6月25日）

http://www.nikkei.com/article/DGXKZO04064070V20C16A6EA1000/

＊毎日新聞（2016年6月25日）

http://mainichi.jp/articles/20160625/ddm/005/070/171000c

＊読売新聞（2016年6月25日）

http://editorial.x-winz.net/ed-17088

＊ Chinadaily（June 24, 2016）

http://www.chinadaily.com.cn/world/2016-06/24/content_25842539.htm

＊ The Financial Times（June 24, 2016）

https://www.ft.com/content/1e8270c0-393f-11e6-9a05-82a9b15a8ee7

＊ The Guardian（June 24, 2016）

https://www.theguardian.com/commentisfree/2016/jun/24/the-guardian-view-on-the-eu-referendum-the-vote-is-in-now-we-must-face-the-consequences

＊ The New York Times（June 24, 2016）

https://www.nytimes.com/2016/06/25/opinion/britains-brexit-leap-in-the-dark.html

＊ The Wall Street Journal（June 27, 2016）

https://www.wsj.com/articles/a-new-american-deal-for-europe-1466974978

＊ The Financial Times（November 19, 2016）

https://www.ft.com/content/f098b42e-ad85-11e6-ba7d-76378e4fef24

第4章

メディア英語教育における
市民的教養

これまで見てきたように、これからの大学の英語教育構想は、現代のグローバル社会・情報化社会を生き抜くために必要なクリティカルな思考力の育成が根底にある。学生が英語を学ぶ目的は将来良き市民として生きていくためのリテラシーをそなえることであり、第1章冒頭で定義した市民性、つまり「社会の公共的課題に対して立場や背景の異なる他者と連携しつつ取り組む姿勢と行動」（橘、2016）を身につけることにある。その実現のため、第2章と第3章ではメディアテクストをクリティカルに読むことで英語の読解力とメディアリテラシーの修得を抱き合わせで教える英語リーディングの授業を紹介した。

4-1 市民性向上のためのメディアリテラシーと異文化理解

　いままで英語4技能のうちリーディングに特化した授業を提示してきたが、「立場や背景の異なる他者と連携しつつ取り組む」まで踏み込んだ市民性を獲得するには、英語によるスピーキングやコミュニケーションといった発信型のスキルや知識が必要になる。この行為を文化背景の異なる人々とのコミュニケーションと言い換えれば、その能力は「異文化理解力」や「異文化コミュニケーション力」を意味する。文化人類学の観点からすると、文化とは「自分が所属する集団が共有する物の見方や感じ方」（鍋倉、p.35）を意味する。異文化を理解するプロセスには他者理解が必要であり、自国の文化で常識とされている見方を留保し、目の前の事象を客観視するこの姿勢は、いわゆるクリティカルに物事を見極める視点と同じ方向に向いている。異文化理解のプロセスと、メディアを読み解くプロセスとは相互に補完しあうのだ。なぜなら、人はメディアを通

してジェンダーや人種に対してステレオタイプ的に物事を見たり、自分の常識の物差しで物事を判断するからである。情報の送り手の意図と受け手の認識も文化が違えば価値観が違うため文化の衝突が生じることがある。コミュニケーションの障壁を防ぐためには固定観念やステレオタイプを取り除き、相手の意見に耳を傾けて自分も主張する術も必要になる。語学の授業でこうした複眼的な見方や行動を学ぶことで、文化背景の異なる人との意見交換や協同作業も円滑に進むだろう。

例えば、授業の教材にメディア広告を使う場合、人種差別を含蓄する広告を分析することはテクストに隠された偏見や差別の問題を浮かび上がらせることになる。と同時に、異文化理解を導く授業展開が可能になり、学生はメディアリテラシーと異文化理解の両方の能力を獲得する機会を得ることになる。学習効果はニュース記事を使った効果的なクリティカルリーディングを推進するだけにとどまらず、スピーキングやディスカッションなど英語の発信スキルに拡大した授業を可能にし、学生の主体性をさらに伸ばすことにつながるだろう（注6）。

＊注6：異文化理解は多文化共生のこれからの英語教育を考える上で極めて重要であることは明らかであるが、異文化間コミュニケーションに関する詳細はここでは割愛する。鍋倉（2009）によると、文化人類学、民俗学、社会学、心理学、教育学、言語学、情報学、哲学、歴史学、文学などの学際的な性格を持つ（p.26）ため、「文化」「コミュニケーション」の概念を理解することは一筋縄ではいかない。また、本稿は英語教育のリーディング面に重点を置いているので、スピーキング面についてはここでは必要最低限の言及にとどめる。

4-2 企業が求めるグローバルに活躍できる人材

　ここまでは大学人の立場から市民性を高めるための大学の英語教育の構想を述べてきたが、実際に企業から求められている人物像との齟齬はないのか。「市民に必要な能力としての市民リテラシーは、批判的思考（注7）のスキルと態度、知識を土台にして、市民生活に必要な科学、経済、法律、健康などの領域のリテラシーと、メディア・ネットなどのテクノロジーに関するリテラシーからなる。市民リテラシーは、生活の必要に応じて身につけた個別のリテラシーと批判的思考に基づく、読解能力・コミュニケーション能力である。これらを基盤として、市民は生活に必要な情報を獲得し、人に伝え、適切な行動をとる」

『批判的思考と市民リテラシー』（p.10）

　「批判的思考に基づく読解能力・コミュニケーション能力」のある人を企業は求めているのだろうか。経済産業省（2006）では、「職場や地域社会で多様な人々と仕事をしていくために必要な基礎的な力」である社会人基礎力として、3つの能力（考え抜く力、前に踏み出す力、チームで働く力）を提唱している。考え抜く力には課題発見力、計画力、創造力が挙げられている。多くの企業内研修では、専門能力以外に、論理的思考力や問題解決、英語コミュニケーション力や多様性対応力などの能力向上をはかるプログラムが用意されている。例えば、ベルリッツコーポレーションCEOの内

＊注7：楠見は、批判的思考（critical thinking）のプロセスとして　①情報を明確化する、②推論をするための土台を検討する、③推論する（帰納、演繹、価値判断）、④意思決定や問題解決をする、の4段階を挙げている。

永（2011）は、論理力、脱「あうん」の呼吸、違いを理解する力、使える英語力、自分を語る力、名刺なしでつきあえる人脈の6つを挙げている。

　また、本田技研工業株式会社（Honda）で人事・人材開発に長年携わった安達健一氏によると、Hondaが考えるグローバルリーダーを「世界のどこでも誰とでも一緒に仕事ができて多様な人々が集まるチームの一員としてチームの成果をあげ、グローバル業務のスピードと質の進化に貢献できる人材」とし、海外で多様な背景の人々とプロジェクトチームを組んで一緒に仕事をする上で重要な資質とは論理的思考力、課題設定力などを含む「概念創造能力（conceptual skill）」であり、異文化理解力や異文化コミュニケーション力を含む「対人能力（human skills）」、そして専門能力（technical skill）の3つのカテゴリーから構成されていると言う。同社が考える「英語力」は、世界の人々とコミュニケーションするための道具であり、対人能力を発揮する手段として位置付けられている。そこには英語を聞き取り、相手の文化的、社会的背景を理解してその意図を洞察する概念創造能力が前提としてある。海外展開を実施している企業の研修プログラムがグローバルに活躍する社員教育を念頭に置いていることは明らかである。

　竹下と本名（2012）は、日本企業が国際コミュニケーションマネジメント（international communication management, ICM）能力を持つプロフェッショナルを育てる戦略が企業の国際展開に急務であるとしている（p.20）。企業側もTOEICのスコアが高い社員が必ずしも英語でのコミュニケーション能力が高いとは限らないことに徐々に気づき始めている。企業が求めるグローバルに活躍できる人材は世界共通語としての英語運用能力に加え、クリティカル思考が

できて異文化コミュニケーションができる人間といえる。つまり、楠見が提言する「21世紀型の市民リテラシー」をそなえた人ということになる。

4-3 メディア英語教育における市民的教養

　本稿では市民リテラシーを獲得することを目的にした英語教育論を述べてきたわけだが、筆者はこの学問領域は「メディア英語教育」に属するものと考える。メディア研究と英語教育を合体させた分野であるメディア英語教育は未だ広く認知されていない研究領域であるが、メディアの特性を見据え、メディア英語を教育に応用する研究分野である（注8）。浅野は2012年日本メディア英語学会の例会でメディア英語教育の目標として「言語理解・運用能力」「時事・国際的常識」「メディアリテラシー」の修得を挙げたが、本稿ではこれに異文化理解を加えることで、これからの大学の英語教育で市民性を高め、社会（企業）で求められる人材を輩出することができると考える。大学という場は、学生が卒業後に市民として活動していくために必要な「市民的教養」（橘、p.44）を育成する場であるとしているが、この市民的教養こそ、教養か実用かの枠組みを超越した大学教育の本来の目的に立ち戻る教育の枠組みである。英語運用力に加え、時事・国際的常識やメディアリテラシーに具現化されるクリティカル思考や異文化理解がグローバルな社会で求められる重要な能力なのである。

＊注8：1959年設立の旧社団法人日本時事英語学会を母体として2011年に名称変更した日本メディア英語学会で研究活動が行われている。

第4章　メディア英語教育における市民的教養

　筆者は、メディア英語教育の構成要素をメディアリテラシー、読解ストラテジー、異文化理解の3つと考えさらにそれらが交わる部分－メディア英語教育が獲得する社会的ツールを市民的教養と考える。大学と企業が求める人材の接点もここにある。

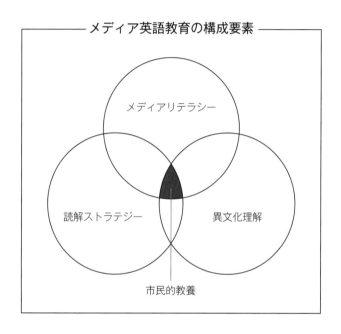

　ここで「教養」ということばを使ったが、「市民的教養」はこれまでの教養と実用の枠組みで呼ばれる「教養」とは一線を画していることを明確にしておきたい。これまで繰り返し述べてきたことだが、1991年の大学設置基準の大綱化を境に、読み教材から文学作品を排除する傾向が強まってきた。文学作品以外のテクストとしてメディアテクストを扱う授業、例えば「時事英語」「メディア英語」

といった科目がカリキュラムに登場するようになり、英字新聞の記事が読み教材として扱われるようになった（注9）。一方で、文学離れと英語教授法導入の流れに反発する形で、文学作品を英語教育の枠組みで教えるという新しいアプローチ（Widdowson、1975）も盛んになっていた。

　ここで指摘したいのは、文学離れの背景にある私たちの固定概念である「文学は教養」で「メディアは実用」という考え方の危うさである。かつて英語教育の目的は「教養」であった。英語が得意な大半の文系の大学生は文学作品を読み、社会学系の学生は外書購読という科目で専門分野の論文など時間をかけて読破した。44年ほど前、当時のジャパンタイムズ編集長の村田は「まず実利の英語を学び、それから教養としての英語を」というスタンスを示した。1970年代、英語教材には文学テクストが定番だった時代には革新的な発言だったはずだ。もちろん、日本最古の英字新聞社が実利としての英語習得のために日本人購読者を増やしたい商業的意図が村田の思惑にあったことは否めないが、そうであってもこうした既存の英語教育への反発としての小さな動きが十数年経って英語教育界で主流になっていったことは確かである。

　「われわれ日本人は、六、七十年も前から、中学一年で英語の勉強を始めてきている。にも拘らず、大学を出ても英語を扱う能力が甚だしく不足しているということが叫ばれて、すでに久しい。何故

＊注9：奇しくも、1991年、当時の日本時事英語学会では学会呼称の変更に関する理事会案が承認され、以後「メディア英語」は、研究会、著書、授業科目などの名称において公然と登場し、ニューメディアはSNS等が視野に入った今日も国際的なメディア言語として確固とした地歩を占め、版図を拡げている（浅野名誉教授談）。

だろうか。理由は簡単である。英語教育の方法が間違っていたからだ。その『間違い』の一番大きな要素は、英語の学習に用いられる教材の選び方である。どんな教材を用いるべきかを考える時、まず、学校における英語教育の目的は何か、ということを明らかにしなければならないだろう。ところが、不思議なことには、例えば大学における英語教育の目的については、統一された意見というべきものが存在しないのである。

　ある人は、一つの意見を代表して、英語教育の目的は『教養』のためだという。この場合の『教養』は『実利』と対立するもののようで、大学で英語を専攻したからといって、英語国民と不自由なく、英語で意思の疎通をはかり、情報思想の伝達を行う能力を身につける必要はない、という考え方である」（『英字新聞の読み方』pp.14-15）

　「文学は非実用的」の村田の主張の基盤にあるのは「文学は教養」と「メディアは実用」という対立的概念であるが、その代表的事例が1974年平泉渉参議院議員と渡部昇一上智大学教授（当時）との間の有名な「英語教育大論争」である。「実用のための英語か、教養のための英語か」という激しい議論は翌年まで続いた。1991年以降は実用のための英語に落ち着いたが、文部科学省が目指した「英語が使える日本人」については何をもって実用英語なのかが曖昧であった（注10）。確かに文学作品は教養的で、新聞は実用的とくくることは可能だ。しかし、学問分野が学際的な方向に向かい、

＊注10：2013年文部科学省が発表した「グローバル化に対応した英語教育改革実施計画」のもと、学術界では英語教育改革には教養教育の推進やグローバル人材の再定義など英語教育改革が進んでいる。（斎藤ほか〈2016〉参照）

1つの専門分野ではなく複数の領域の知見が絡み合う中で理解を深める研究や、文系と理系の垣根を越えた教育方針が主流になっている最近の潮流を見ると、教養と実用を明確に区別することで画一的な教育方針に徹してしまうのではという懸念も残る。その象徴的な出来事の一つが、2015年文部科学省が全国の国立大学に対して「文系不要論」とも言える通知を出したことだ。日本経済新聞（2015年7月29日付）の社説では、文科省が公にした通知にある「社会的要請の高い分野への積極的な転換」という文言について以下のように述べている。

「…（文科省の）通知にある「社会的要請」とはそもそも何か。実学的なスキル育成だけでなく、歴史や文化を理解する力、ものごとを批判的に思考する力を持つ人材を育てるのも大学の役割ではないか。そうした機能を失った大学は知的な衰弱を深めるに違いない。」

「実学的なスキル育成だけでなく、歴史や文化を理解する力、ものごとを批判的に思考する力を持つ人材」こそ、大学が社会から要請されていることなのではないだろうか。英語教育を通してこのような人材を育成するために、大学の英語教育にはメディアリテラシーを養成するためのカリキュラムが必要なのである。ここでは、英語教育の目的を教養か実用かの二者択一から切り離し、市民教育の一環として英語教育をとらえている。

おわりに

　メディアのテクストをクリティカルに読むためには高校卒業程度の英語運用力は最低限必要であるが、初等教育における英語の必修化によって効果的なカリキュラムの実働が実現されれば、遠くない将来、大学のリーディング授業で使う英字新聞や雑誌記事が今言われるほどハードルの高い読み物ではなくなるはずだ。教材が学習者にとって適切なレベルであれば、教員は従来型の読み方から脱却し、誰が何の目的で誰に向けて書いているのかを意識するクリティカルな読み方を効率的に指導できるようになるだろう。教員は学生を「戦略的な読み手」（a strategic reader）にすることを目標とし、読む目的によって読解ストラテジーを自律的に使うことができる授業計画を立てるとよい。これまで教員が自らのスタイルで無自覚に指導してきたリーディングの教授法は読解ストラテジーの習得をシラバスに明確に盛り込むことで、統一性のある英語カリキュラムを実現することになるだろう。

　語学教員の役割は今後も facilitator であり、学生主導の授業を進めることに変わりはないが、メディアテクストを教材で扱う限り、メディア形態の進化に伴って学習環境の変化に柔軟に対応することは必要になるだろう。発達したグローバル化と情報化の時代を生きる英語教員も時代の潮流に乗りながら変革の波に乗らなければならない。例えば、活字メディアの新聞もデジタル化が進

み、紙媒体から電子媒体へ移行している。本著でも例に出した英国のEU離脱の記事にしても、電子版で報道した新聞社はキャメロン元首相が国民投票の結果を受けて辞任表明をするYouTubeの画面つきで一面を掲載した。メディアのテクストもマルチメディアの意味を持つようになり、メディアテクストにおける書き手の意図や間テクスト性の意義もさらに拡張していくだろう。

　しかし忘れてはならないのは、メディアの形態が変容すればするほど、クリティカルな物の見方や考え方の重要性はますます高まり、私たち教員が果たす役割も増えてくるということだ。本書で展開してきたクリティカルに読み解く授業が実現すれば、これからの時代に対応したグローバル人材を育成できると信じている。

参考文献

浅野雅巳（2000）「メディア英語研究（３）―広告のテクストとディスコースに関する試論―」成蹊英語英文学研究4, pp.7-24.

浅野雅巳（2003）「『9.11 テロ』英語報道に関するディスコース分析」時事英語学研究第42号、pp.1-19.

イーグルトン、T. 大橋洋一訳（1985）『文学とは何か』岩波書店

内永ゆか子（2011）『日本企業が欲しがるグローバル人材の必須スキル』朝日新聞出版

ヴォダック、R・マイヤー、M編、野呂香代子監訳（2010）『批判的談話分析入門』三元社

大橋洋一（1995）『新文学入門』岩波書店

岡部朗一編（2009）『言語とメディア・政治』朝倉書店

河原真也（2012）「大学英語教育における英文学の意義についての一考察―現状と今後の展望を中心に―」英語英文学論集第52巻第3号、pp.95-113　西南学院大学学術研究所

河原清志、金井啓子、仲西恭子、南津佳広編（2014）『メディア英語研究への招待』金星堂

楠見孝、道田泰司編（2016）『批判的思考と市民リテラシー』誠信書房

久世恭子（2012）「コミュニケーション能力育成についての一考察―文学教材を用いた英語授業から」言語情報科学第10号、pp.73-89.

五味久壽、元木靖、苑志佳、北原克宜編（2017）『21世紀資本主義世界のフロンティア』批評社

斎藤兆史（2000）『英語の作法　The Art of English』東京大学出版会

斎藤兆史、鳥飼玖美子、大津由紀雄、江利川春雄、野村昌司（2016）『「グローバル人材育成」の英語教育を問う』ひつじ書房

坂本旬（2013）「異文化間コミュニケーションを中心としたメディア情報リテラシー教育の創造」法政大学キャリアデザイン学部紀要10、pp.157-175

　　cdgakkai.ws.hosei.ac.jp/wp/wp-content/uploads/2016/11/gb201303.pdf

菅谷明子（2000）『メディア・リテラシー　―世界の現場から―』岩波新書

鈴木伸男（2002）『こうすればできるNIE』白順社

鈴木みどり編（2004）『Study Guide メディアリテラシー入門編』リベルタ出版

橘宗吾（2016）『学術書の編集者』慶應義塾大学出版会

鍋倉健悦（2009）『異文化間コミュニケーション入門』丸善ライブラリー

日本NIE学会編（2008）『情報読解力を育てるNIEハンドブック』明治図書出版

マクドネル、D.里麻静夫訳（1990）『ディスクールの理論』新曜社

松林薫（2016）『新聞の正しい読み方』NTT出版

村田聖明（1973）『英字新聞の読み方』ジャパンタイムズ

バー、V. 田中一彦訳（1997）『社会的構築主義への招待―言説分析とは何か』川島書店

廣野由美子（2005）『批評理論入門』中公新書

ホーマン由佳（2011）Improving Reading Courses at Japanese Universities; from "Yakudoku" to "Extensive Reading" 立正大学「経済学季報」第60巻第2号. pp.93-107.

ホーマン由佳（2009）『英字新聞1分間リーディング』日本経済新聞出版社

本名信行、竹下裕子、三宅ひろ子、間瀬幸夫編（2012）「企業・大学はグローバル人材をどう育てるか」アスク出版

八代京子、荒木晶子、樋口容視子、山本志都、コミサロフ喜美（2001）「異文化コミュニケーション　ワークブック」三修社

八代京子、町恵理子、小池浩子、吉田友子（2009）「異文化トレーニング　ボーダレス社会を生きる」三修社

吉見俊哉（2004）『メディア文化論　メディアを学ぶ人のための15話』有斐閣アルマ

吉見俊哉（2011）『大学とは何か』岩波新書

Al-Isss, Ahmad（2006). Schema Theory and L2 reading comprehension: implications for teaching. *Journal of College Teaching & Learning*. vol. 3, No. 7. The Clute Institute：USA.

Anderson, C.J.（1991）Individual differences in strategy use in second language reading and testing. *Modern Language Journal*, no. 75. pp. 460-472.

Baddeley, Alan D. (1990) *Human Memory: Theory and Practice*. Allyn & Bacon.

Beatrice S. M. & Jeffries, L. (1996). *More Reading Power*, Addison-Wesley Publishing Company.

Bell, Allan. & Garrett, P. (1998) *Approaches to Media Discourse*, Blackwell.

Bell, Allan. (1991) *The Language of News Media*, Blackwell.

Bernhardt, E. B., (1991). *Reading Development in a Second Language*. Ablex Publishing Corporation.

Cappon, R.J (2005) *The Associated Press Guide to News Writing*. Peterson's.

Carrell P., & Eisterhold C. Joan (1983). Schema Theory and ESL Reading Pedagogy. *TESOL Quarterly*. Vol. 17, No. 4.

Cummins, J. (1979) Cognitive/academic language proficiency, linguistic interdependence, the optimum age question and some other matters. *Working Papers on Bilingualism*, no. 19, pp.121-129.

Daiches, David. (1981) *Critical Approaches to Literature*, Longman.

Ellis, Rod. (1994). The Study of Second Language Acquisition. OUP.

Eskey, D. & Grabe, W. (1998). Interactive Models for Second Language Reading: Perspectives on Instruction. In P. Carrell, J. Devine, & D. Eskey (Eds.), *Interactive Approaches to Second Language Reading*. Cambridge: CUP.

Fairclough, Norman (2003) *Analysing Discourse: Textual Analysis for Social Research*, Routledge.（フェアクラフ、N. 日本メディア英語学会メディア英語談話分析研究分科会訳（2012）『ディスコースを分析する －社会研究のためのテクスト分析』くろしお出版）

Gass, S. M. & Selinker, L. (1994). *Second Language Acquisition*. Lawrence Erlbaum Associates.

Gibbs, W. Raymond, Jr. (1999) *Intentions in the Experience of Meaning*, CUP.

Grabe, W. & Stoller, F.L. (2013) *Teaching and Researching Reading*.

Routledge.

Grundy, Peter. (1993). *Newspapers.* Oxford University Press.

James, Henry (1897) *What Masie Knew* Penguin Classics.

  (1898) *The Turn of the Screw* Penguin Classics.

Koda, Keiko. (2004). *Insights into Second Language Reading.* CUP.

Masterman, L. (1985) *Teaching the Media,* Routledge.

Masterman, L. (1989) *Media Awareness Education: Eighteen Basic Principles,* Center for Media Literacy.

Nuttall Christine. (1996) *Teaching Reading Skills in a foreign language.* Heinemam.

Paris, S.G., Wasik, B.A., & Turner, J.C. (1991). The Development of Strategies of Reading. In R. Barr, M. Kamil, P. Mosenthal, & P. D. Pearson (Eds.), *Handbook of Reading Research.* pp.609-640. Lawrence Erlbaum Associates.

Richardson, John E. (2007) *Analysing Newspapers An approach from Critical Discourse Analysis.* Palgrave Macmillan.

Scholes, Robert (1985) *The Power of Textuality,* Yale University.

van Dijk, Teun A. (1988) *News as Discourse.* Routledge.

Widdowson, H. G. (1985) *Stylistics and Teaching of Literature,* Longman.

Yin, Koh Moy. (1985) The role of prior knowledge in reading comprehension. *Reading in a Foreign Language,* 11, pp.375-380.

経済産業省「社会人基礎力」
  http://www.meti.go.jp/policy/kisoryoku/

文部科学省　中央教育審議会答申（2008）「学士課程教育の構築に向けて」

文部科学省　中央教育審議会答申（2010）
  http://www.mext.go.jp/component/b_menu/shingi/toushin/__icsFiles/afieldfile/2008/12/26/1217067_001.pdf

http://www.medialit.org/reading-room/media-awareness-education-eighteen-basic-principles

刊行にあたって

　日本人にとって英語教育論は、古くて新しい問題といえるでしょう。

　日本人の英語教員による訳読や音読、音声はカセットテープの時代から時を経て、今やオンラインでネイティブから手軽に英語を教わる時代になっています。そんな時代に、大学の英語教育はどうあるべきなのでしょうか。

　著者のホーマン由佳先生は、文学を専門としつつも、ビジネスの現場にいた経験から、時代が求める人材育成のために、メディアテクストをどのように英語教育にいかすかを説いています。メディアテクストというのは、英字新聞や英文雑誌、日本語の新聞のことを指しています。これらを使ってメディアリテラシーを高めるための理論や教育理念を詳述しました。

　ホーマン由佳先生の過去の研究歴を総ざらいして、「メディアリテラシー」「市民性」をキーワードにして構成した本書。制作に長い時間をかけました。

　本書が現代の英語教育に一石を投じ、活発な議論の源になることを祈っています。

東京・田園調布の小さな出版社
有限会社ソーシャルキャピタル

発行人　吉田秀次

ホーマン由佳

立正大学経済学部准教授。専門はメディア英語、英語教育。成蹊大学大学院（文学修士）、テンプル大学大学院（教育学修士）、国際基督教大学大学院教育学研究科博士後期課程満期退学。外資系航空会社の客室乗務員を経て、通訳・翻訳者、企業研修講師、数多くの大学での非常勤講師を経て現職。ビジネス英語のセミナー講師も多数経験。大学院で学んだ文学、英語教育学、認知言語学の知識と、企業通訳やビジネス英語を教える立場からメディアテクストを活用した学習法を研究。文学・メディアのジャンルを超えて書き手の意図をつかむ英文テクストの読み方の習得によって市民的教養を高める指導を行っている。主な著書は『英字新聞1分間リーディングVol.1～3』（日本経済新聞出版社）。

大学における英語教育とメディアリテラシー
―メディアテクストによる市民的教養の可能性―

2017年7月28日第1刷発行

著　者	ホーマン由佳
発行者	吉田秀次
発行所	東京・田園調布の小さな出版社 有限会社ソーシャルキャピタル

　　　　145-0071 東京都大田区田園調布2-49-15 壽泉堂ビル303
　　　　03-6459-7115 / info@socialcapital.co.jp
　　　　http://www.socialcapital.co.jp

印刷・製本	広研印刷株式会社
組　版	朝日メディアインターナショナル株式会社
装　丁	みなみゆみこ（ATELIER MINAMI）
校　正	田村早苗（木精舎）

©Yuka Homan, 2017
ISBN 978-4-9909280-2-5　Printed in Japan
落丁・乱丁本はお取り替えいたします。
本書の無断複写・複製・転載を禁じます。